歴史文化ライブラリー
379

昭和天皇退位論のゆくえ

冨永 望

吉川弘文館

目次

昭和という時代―プロローグ……1
ｉｆの発想／元号／代替わりと改元／昭和天皇の生い立ち／外遊と結婚／青年君主／戦争と天皇／昭和と平成／逆転の可能性／退位問題の展開／退位問題を考える意味

敗戦の章

大日本帝国の残照……14
終戦工作／近衛文麿の退位論／連合国の天皇観／日本降伏／流言飛語と不敬言動／東久邇宮内閣の姿勢／戦犯裁判と天皇／昭和天皇・マッカーサー元帥第一回会見／思想言論の自由

解禁された天皇制論議……25
憲法改正問題と近衛文麿／声をあげる天皇制反対派／『朝日新聞』への投書／『読売報知』の特集／「天皇制」の定着／『毎日新聞』の調査／天皇の戦争責任／民主化と天皇制／内務省の退位論／佐々木惣一の退位論／皇族の退位論

日本国憲法の成立……39
高野岩三郎の天皇制廃止論／立憲君主制維持路線／憲法改正問題の急展開／昭和天皇の苦悶／天皇の責任の取り方／昭和二一年四月総選挙／南原繁の退位論／皇室典範改正と退位の規定／退位問題一段落

東京裁判の章

戦争責任と退位問題……50
「憮然たる世相の弁」／宮中の反応／国民の意思／留位嘆願署名運動／芦田均の姿勢／大山郁夫の期待／石田秀人の退位論／宮沢俊義の観察

憲法再検討問題……63
FECの決定／鈴木義男の談話／『読売新聞』の世論調査／横田喜三郎の退位論／輿論調査研究所の調査／退位反対の論拠／退位賛成の論拠／敗戦以来の議論／GHQの見解

判決のとき……79
高松宮への不信／田島道治の要請／退位回避／昭和天皇の留位表明／判決下る／改めて天皇の戦争責任を問う／天皇制は暴力革命の防波堤か／天皇の御心境／幻の「謝罪詔勅草稿」／責任を取るための留位／理性と感情／白石重の憤懣

再軍備の章

日本国憲法下の天皇の役割……98

退位できない理由／行幸／連合国最高司令官との会見／新聞の会見報道／治安と安全保障への関心／立憲君主の機能／助言者・調停者としての国王／内奏の慣習／片山哲内閣の内奏／芦田均の疑問／芦田均の内奏／天皇メッセージ

吉田茂と日本国憲法……128

GSの介入／衆議院解散権の所在／吉田茂の天皇観／宮中祭祀の位置づけ／君臣の関係／内奏の定着／外交儀礼の復活／天皇の謝罪／戦後日本も君主国

再軍備と統帥権問題……140

朝鮮戦争と日本再軍備／最高司令官としての君主／林敬三の悩み／祖国と民主主義を守る軍隊／天皇との断絶／警察予備隊の精神／天皇なき軍隊は可能か／改憲再軍備論の登場／改憲なき再軍備の問題点／旧軍人の再軍備構想／再軍備論者の天皇退位論／政界と退位論／中曽根康弘の退位論／天皇の軍隊を望まない声／講和条約発効記念式典／矢部貞治の退位論

御成婚の章

皇太子への期待……164

明仁皇太子の生い立ち／占領期の皇太子教育／皇太子の初めての外遊／『孤独の人』／勢いづく社会主義勢力／社会党統一と保守合同／鳩山から岸へ

ミッチーブーム…………175

皇太子のお妃選び／ブームの要因／大衆天皇制／恋愛結婚の是非／受田新吉の退位論／新生日本のアピール／日本国憲法にふさわしい天皇／大衆の戦争責任観／明るい退位／最後の機会

昭和の桎梏…………190

安保闘争／岸信介の贖罪意識／象徴天皇制の定着／「風流夢譚」事件／皇室外交／よみがえる戦争の記憶／昭和の終焉

長すぎた昭和—エピローグ…………199

清算されなかった戦争責任／「昭和」からの解放

あとがき

参考文献

昭和という時代——プロローグ

「歴史にifはない」という言葉がある。歴史は一過性の現象であり、自然科学の実験のように、試行を繰り返して現象の再確認を行うのが不可能なことを示している。

ifの発想

たとえば、「もしも織田信長が桶狭間で敗れていたら」とか「もしも明治維新が起きなかったら」などと、あれこれ仮定を立ててみたところで、実際にどうなるか確認することはできない。つまり、「もしも……」を想定しても無意味だというわけである。一方に「もしも憲法第九条がなかったら、戦後日本は戦争に巻き込まれていた」と主張する人がいれば、「もしも日米安保条約がなかったら、戦後日本の平和はなかった」と反論する人もいる。しかし、誰の目にも分かる形で証明することができない以上、これは不毛な議論である。「戦後日本は憲法第九条と日米安保条約の両方を保持してきた中で、国土が戦場になることはなかった」という事実を受け入れた上で、今後の安全保障を考えるほかない。とはいえ、筆者は「もしも……」の発想を持つこと自体は意味があると思う。歴史は一過性の現象ではあるが、一本道ではない。先人たちが日々の生活の中で選択を積み重ねた末に現在がある。「もしも……」という仮定を立てることは、選択の機会があったと認識していることになる。戦後の日本人は憲法第九条と日米安保条約の両方を選択してきた。どちらか一方ないし両方を捨てる選択肢がなかったわけではない。左翼と右翼の双方から批判されがちな現在の日本社会もまた、日本人が選択を重ねてたどり着いた場所なのである。そして、今この瞬間に私たちが行う選択が未来を形作っている。

元号

さて、読者が本書を手にしているのは西暦で何年のことだろうか。発行から一年以内だろうか、それとも数年が経過しているか。仮に一〇年以上経過してなお本書が読まれているのだとすれば、筆者にとっては望外の喜びである。おそらく、読者の使用するカレンダーには二〇一X年と表記されている可能性が高いと思うが、和暦では何年にあたるだろうか。

周知のとおり、日本では西暦と並んで和暦を使用している。公的機関ではむしろ和暦が先に来る。元号を冠して平成元年、平成二年……というように年を数えるわけだが、近代以降は一代の天皇に元号は一つと限られるようになった。そのため、天皇が崩御すると元号を冠して明治天皇、大正天皇などと呼ばれるのが慣習となっている。また、明治時代、大正時代というように、時期区分に使われることもある。元号は中国発祥の制度であったが、中国は一九一一年の辛亥革命を機に元号を廃止してしまった。民国○年という数え方はあるが、元号とは性質が異なるので、今日でも元号を使用している国家は日本のみということになる。貴重な文化と見るか、無駄な過去の遺物と見るかは人それぞれであろう。

代替わりと改元

本書が発行されたのは平成二六年（二〇一四）なのだが、筆者が誕生したのは昭和四九年（一九七四）である。西暦だと引き算すれば筆者の年齢が一目瞭然なのに対して、和暦ではすぐに計算できない。なんとも不便に感じる向きも多いと思われる。そもそも元号は君主が時間を支配することを臣民に印象づけるためのものであり、利便性を第一とする紀年法ではないから、しかたがない。

筆者が物心ついたとき、なぜ年の数え方が二種類あるのか不思議に思ったが、昭和は二五を足せば西暦の下二桁に一致するので、特に不便を感じたことはなかった。しかし、天皇が代替わりして、昭和六四年から平成元年に切り替わったとき、とてつもなく不便だと思った。同じ一九八九年の中に二つの元号が併存するのは奇妙だったし、平成という元号自体にもなじめず、これを機に元号は廃れるのではないかという予感すら抱いた。

以来四半世紀が経過し、平成は完全に定着したと認めざるをえない。筆者の講義を半分眠りながら聴いている学生たちも、大半が平成生まれである。彼らにとって生活の実感を伴う元号は平成であり、昭和は歴史上の用語に過ぎない。継続は力なり、というべきだろうか。

昭和天皇の生い立ち

その昭和は日本史上最長の元号であり、この記録が破られることは、まずないだろう。この間に在位した天皇は、先ほど述べた慣例に従って昭和天皇と呼ばれている。昭和天皇は明治三四年（一九〇一）四月二九日に、嘉《よし》仁《ひと》皇太子の第一皇子として生まれ、祖父である明治天皇から裕仁《ひろひと》と命名された。その生涯はほぼ二〇世紀に重なる。嘉仁皇太子は幼少の頃から病弱で、学習院を中退し、勉強嫌いになってしまった。これに懲りたのか、明治天皇は裕仁親王が学習院初等科に入学するにあたって乃木希典《のぎまれすけ》を学習院長に任命し、質実剛健を旨として厳しく教育させた。明治四五年（一九一二）七月に明治天皇が崩御して嘉仁皇太子が天皇に即位すると（大正天皇）、裕仁親王は皇太子になった。大正三年（一九一四）に学習院初等科を卒業した後は、東宮御学問所で杉浦重剛《すぎうらじゅうごう》、白鳥庫吉《しらとりくらきち》といった当代一流の知識人から帝王学を学び、一一歳で陸海軍少尉に任官してからは、軍事教育も受けている。このような教育を受けた裕仁皇太子は、人文科学や自然科学に幅広い関心を持ちながらも社交性に欠けるきらいのある、頑健な青年に成長した。

外遊と結婚

裕仁皇太子は大正一〇年（一九二一）に半年間のヨーロッパ周遊を経験した。これは皇太子の見識を広め、社交性を身に着けさせるために、原敬《はらたかし》首相らが中心となって計画したものである。裕仁皇太子はヨーロッパの社会を目のあたりにし、イギリス国王のジョージ五世と会見するなど、貴重な経験を積み、後々までこの旅行を懐かしく回顧することになる。また、大正一三年（一九二四）には久邇宮良子《くにのみやながこ》女王と結婚した。最終的に二男四女をもうけるものの、当初は内親王の誕生が続いたため、宮中では側室を勧める向きもあったが、裕仁皇太子はこれを拒んだ。さらに明仁《あきひと》皇太子が誕生すると、慣例に反して親子の同居を望んだが、これは実現しなかった。一夫一婦制を守り、親子の同居を望んだことは、裕仁皇太子が近代的な家庭生活を志向していたことを示すものといえる。

大正天皇は幼少期に患った髄膜炎が即位後に再発し、病状は悪化の一途をたどった。そのため公務が遂行できなくなり、裕仁皇太子は大正一〇年（一九二一）の訪欧から帰国した後に、摂政として天皇の公務を代行することになった。そして大正一五年（一九二六）一二月に大正天皇が崩御し、裕仁皇太子は弱冠二五歳にして天皇に即位したのである。明治天皇は憲政開始以来、調停者としての権威と能力を備えていたから、国政における存在感は絶大であった。これに対して大正天皇は病弱で、権威・能力・経験に欠けていたこともあり、元老と政党政治家の間で天皇に依存しない統治システムの構築が模索された結果、次第に政党政治が発達していった。ところが昭和天皇は皇太子時代の教育の結果、明治天皇に倣い、立憲君主として積極的な役割を果そうとした。

青年君主

当時の日本は男子普通選挙制度が実現して大衆の政治参加が進む一方で、軍部が次第に内閣の統制を離れて独自の行動をとろうとする傾向が強まっていた。昭和三年（一九二八）の張作霖《ちょうさくりん》爆殺事件に際しては、事件の処理をめぐって、昭和天皇が田中義一《たなかぎいち》首相を叱責したことが内閣退陣につながった。また、昭和五年（一九三〇）に浜口雄幸《はまぐちおさち》内閣が軍部の反対を押し切って、ロンドン海軍軍縮条約を批准しようとしたときは、昭和天皇はこれを後押しする姿勢をとった。このような政治的関与の積み重ねから、天皇を含む宮中は軍部の反感を買ってしまう。そして、昭和六年（一九三一）に関東軍が暴走して満洲事変を起こすと、それを抑えきれなかったことで、天皇の権威は動揺をきたすことになる。さらに昭和一〇年の天皇機関説事件のような、政党政治を否定する動きが強まり、イギリス型の立憲君主制を志向する昭和天皇にとっては、不本意な方向へ政情が推移していった。そして昭和一一年、ついに陸軍皇道派将校がクーデターを起こして、武力による体制の変革を企てるが、このときは昭和天皇が明確に鎮圧の意向を表明して、クーデターを失敗に追い込んでいる（二・二六事件）。

戦争と天皇

昭和一二年（一九三七）七月に日中両国が全面戦争に突入し、戦況が泥沼化する中で日本は英米との関係を悪化させ、事態打開のためにナチスドイツへ接近していった。英米に親近感を覚える昭和天皇にとっては、辛い状況が続くばかりであったが、昭和一六年（一九四一）一二月、アメリカと開戦したことで日本は第二次世界大戦に身を投じ、破滅への道を突き進んでいく。開戦過程における昭和天皇の役割について、戦争に反対していたが立憲君主としては内閣に従うほかなかったとする見解と、軍部の説得を受けて開戦に同意していたとする見解と、今日に至るまで議論は二分されている。一つ確かなことは、連合国が昭和天皇をヒトラーやムッソリーニと並ぶ戦争指導者とみなしたことである。戦局が悪化して日本の敗色が濃厚となる中で、昭和天皇と側近たちは密かに戦争終結を模索するようになる。昭和二〇年（一九四五）八月、御前会議でポツダム宣言受諾の是非が話し合われ、昭和天皇が受諾の意思を表明したことで、日本の降伏が決まった。「天皇のおかげで戦争が終わった」と称賛する者がいれば、それに対して「戦争を終わらせられたのなら、そもそもなぜ開戦を止められなかったのか。せめて原爆投下や沖縄戦の前に終わらせるべきだった」と批難する者もおり、両者の溝は今日まで埋められていない。ともあれ、敗戦を区切りとして昭和は新たな展開を迎え、戦後復興、高度経済成長への歩みが始まる。そして昭和天皇は世界第二位の経済大国となった日本がバブル経済の狂騒に沸く中、昭和六四年（一九八九）一月七日に八七年余の生涯を閉じ、その日に昭和も終わったのである。

昭和と平成

昭和は単に長いだけでなく、日本史の激動期に重なっており、明治と並んで存在感のある元号といってよい。これに対して、両者に挟まれる大正は存在感に乏しく、歴史家以外の人々には忘れられているかもしれない。

では、平成はどのような元号として記憶されるだろうか。同時代の我々はバブル崩壊後の失われた二〇年などと捉えているが、景気は変動を繰り返すものなので、これだけでは後世の人々の印象に残ることは難しいだろう。次の元号と比べてどうなるかはわからないが、明治・昭和の存在感には及びそうもないということは断言できる。

逆転の可能性

ここで読者に一つの「もしも……」を提示したい。それは、「もしも昭和が三〇年前後で平成に替わっていたら……」という仮定である。その後の歴史の流れにほとんど変化がなかったとしたら、昭和は戦争のイメージ一色で記憶され、逆に平成は多少の問題を孕みながらも、日本が高度経済成長によって未曾有の繁栄を成し遂げた黄金時代の元号として、年表に燦然《さんぜん》と輝いたのではないだろうか。

それは必ずしもありえないことではなかった。というのも、昭和が実際よりも早く終わる可能性、すなわち昭和天皇の生前譲位の可能性があったからである。少なくともその機会は四回あった。一回目は第二次世界大戦敗戦直後、二回目は東京裁判判決前後、三回目は講和条約発効前後、四回目は明仁皇太子の御成婚のときである。察しの良い読者はこれだけでお分かりだろうが、昭和天皇の退位問題は戦争責任に端を発している。大日本帝国憲法の規定により、天皇に政治的な意味での戦争責任はなかったという見解が日本政府の公式見解ではあったが、それでも道義的責任があることは、昭和天皇本人も含め多くの人々が認めていた。その責任の取り方として、退位という選択肢が浮上したのである。ここで断っておくが、本書において天皇退位論は天皇制存続を前提とした議論に限定する。天皇制廃止論とは区別して考える。

退位問題の展開

だが、本書で見るように、退位問題はそこから様々な問題意識に発展していった。それは、留位した場合に昭和天皇が果たすべき役割は何なのか。あるいは退位した場合に後継者の皇太子に何を期待するのか。つまり、天皇退位問題とは、日本国憲法における天皇の位置づけをめぐって、論者の問題意識が問われるテーマでもあったのである。それが浮き彫りになったのが、東京裁判判決時の退位問題であり、このときは国民的議論を巻き起こした。

次いで退位論が出現したのは、朝鮮戦争により日本の再軍備が政治的課題として浮上したときである。再軍備を求める声は各界から起こったが、中でも旧軍人たちが天皇退位論を唱えた。彼らにとって、再建されるべき国軍の最高統帥者は、選挙の結果によってコロコロ変わる首相ではなく、長期間在位する天皇でなければならなかった。しかし、少なからぬ旧軍人が戦争責任を問われて断罪された中で、保身に成功した昭和天皇を、もはや最高統帥者として仰ぐことはできないという声が彼らの中から起こったのである。逆にいうと、このとき天皇の退位が実現すれば、新しい天皇を最高統帥者にいただく形で改憲再軍備が行われたかもしれない。それゆえにか、東京裁判判決時とは異なり、退位論は国民的広がりを欠くものとなった。

最後の退位論は、俗に「ミッチーブーム」と称される社会現象を巻き起こした、美智子妃と明仁皇太子の御成婚に際して唱えられた。新しい時代を体現する皇太子夫妻が即位することで、日本が新しく生まれ変わったことを内外に認知させられるのではないかという期待である。裏返すと、昭和天皇が在位し続ける限り、日本は戦争の影を引きずらざるをえない。その重荷を一気に取り除きたいというのが、御成婚における退位論の狙いであった。

結局どの時点においても退位は実現しなかったが、簡潔に流れを追ってみただけでも、昭和天皇の戦争責任が長らく尾を引いていたことがわかるだろう。

退位問題を考える意味

退位が現実のものとならなかったのは、昭和天皇本人を含む日本人がそれを選択しなかったためであるが、選択の機会があったことを忘れてはならない。天皇退位論を主張した人々は、退位によって日本がどのような方向へ進むと考えたのであろうか。

本書刊行時点においては、近い将来に天皇制が廃止されることは考えにくい。世論調査でも、国民の約八割が天皇制の存続を望んでいる（『放送研究と調査』平成二〇・二）。その前提に立つならば、天皇の存在を無視して日本社会を論じることは、現実から目を背けることにほかならない。日本社会における天皇の位置づけを考えることは、日本という国のあり方を考えることであり、日本人が避けては通れない問題である。そして本書の目的は、戦後の日本人が手を出さなかった選択肢——昭和天皇の退位問題に関わる議論を読み直すことで、「我々が選択しなかった道」を見つけることにある。今となっては、分岐点に引き返して道を選び直すことはできない。だが、異なる道があったことを知っていれば、これから進む進路をそちらへ近づけることも、逆にますますそちらから遠ざかることも、どちらも我々の選択次第で可能になる。

よりよい未来を選択するため、しばしの時間を本書に割いていただきたい。

（注）なお、本書では日本側の事項については和暦（西暦）で記載し、海外の事項は西暦のみで記載する。新聞・日記を典拠として示す場合は、昭二〇・八・一五のように表記する。資料の引用は読みやすさを考慮し、句読点や仮名遣い、旧字体などを必要に応じ修正した。

敗戦の章

大日本帝国の残照

終戦工作

平成五年（一九九三）八月、自由民主党が結党以来初めて政権を失った。

これに取って替わった八党派による連立内閣を率いた細川護熙《ほそかわもりひろ》元首相の父護貞《もりさだ》は、日中両国が全面戦争に突入した当時の首相であった近衛文麿《このえふみまろ》の娘婿にして、秘書でもあった人物である。彼が残した日記は昭和一八年（一九四三）一一月から二一年（一九四六）一〇月にかけての部分が公刊されており、敗戦前後の政治史料として一級品の評価を得ている。この時期の近衛は、日本の敗戦を見越して水面下で終戦工作に奔走しており、細川はその連絡役を務めていた（吉田裕『昭和天皇の終戦史』）。

その『細川日記』には、昭和一九年（一九四四）三月、戦局の悪化を受けて近衛と細川が敗戦後の国体問題を話し合ったことが記されている（『細川日記』昭一九・三・二三）。ここでいう国体とは天皇制を指す用語である。天皇制とは元来日本共産党が作り出した用語であり、共産党が非合法的存在であった時代においては、使用を許されない言葉であった。

このとき近衛は、アメリカ人の性格として、皇室そのものを滅ぼそうとすることはないだろうが、天皇個人の責任は追及するだろうと予想している。また、第一次世界大戦に敗北して滅亡したドイツ皇室を引き合いに出して、皇室守護のためには「多少の瑕疵《かし》は止むを得ず」とも示唆した。

図1　近衛文麿

近衛文麿の退位論

「多少の瑕疵」とは何を意味するのか。同月一三日に細川は昭和天皇の弟高松宮宣仁《たかまつのみやのぶひと》親王を訪れて終戦工作の相談をしているが、高松宮は、「最悪の事態については、今日から相当研究して置かねばならぬ問題であるが、恐れ多いこと乍《なが》ら、御退位の如きは、我国の歴史にも度々あるのであり……」と語った。つまり、敗戦が天皇の戦争責任問題に直結し、昭和天皇の退位が避けられなくなることを、終戦工作グループは予想していたのである。

もちろん、彼らは昭和天皇に悪意を向けていたわけではない。だが、最優先すべきは天皇個人ではなく皇室そのものであったし、むしろ退位することで昭和天皇自身も守れると考えていた。翌二〇年（一九四五）一月二五日、近衛は京都宇多野《うたの》の別邸に岡田啓介《おかだけいすけ》元首相・米内光政《よないみつまさ》海軍大臣・仁和寺門跡岡本慈航を招き、無条件降伏の場合に昭和天皇が出家して仁和寺に入るという構想を語った。出家すれば（当然退位を意味するが）、連合国もそれ以上戦争責任を追及しないだろうと期待したのである（高橋紘『天皇の密使たち―秘録・占領と皇室―』）。

連合国の天皇観

では、アメリカを中心とする連合国は、天皇制の存続と天皇の戦争責任について、どのように考えていたのであろうか。

アメリカが戦後の天皇および天皇制の処遇について検討を始めたのは、一九四二年一一月以降のことである。当初、アメリカは降伏文書に天皇の署名を要求するなど、厳しい態度で臨む意向であった。日米開戦時の駐日大使であったグルー（J. C. Grew）が、昭和天皇本人が平和主義者であり、敗戦後の日本の混乱を防ぐために天皇制の温存が得策であると国務省内で主張していたことは、先行研究により明らかにされているが、全体的な雰囲気としては天皇制への風あたりが強く、グルーは孤軍奮闘の状態にあったといってよい（武田清子『天皇観の相剋―一九四五年前後―』）。

日本と最も長く交戦していた中国でも、天皇制廃止論が公然と唱えられていたが、蔣《しょう》介石《かいせき》総統は日本国民の意思を尊重すべきとの姿勢を見せていた（山極晃、中村政則編『資料日本占領一　天皇制』）。イギリスは君主制の維持を主張していたものの、天皇個人の処遇については特に言及していない（拙稿「イギリスから見た戦後天皇制」『戦後史のなかの象徴天皇制』）。

日本降伏

そのような中で一九四五年七月二六日、日本に対して無条件降伏を要求するポツダム宣言が発表された。宣言は戦争犯罪人の処罰を明言しており、昭和天皇自身に追及の手が及ぶかどうかは予断を許さなかった。時の鈴木貫太郎《すずきかんたろう》首相は天皇から密かに戦争終結に向けて努力するよう命じられていたが、戦争継続を主張する陸軍を恐れ、ポツダム宣言に政府として明確な姿勢を示すことができなかった。政府の姿勢を日本の報道機関が「黙殺」と表現し、それが連合国に「ignore（無視）」「reject（拒絶）」などと伝えられたことから、日本にさらなる打撃を与えて無条件降伏に追い込むため、八月六日に広島、九日に長崎へ原爆が投下された。同九日のソ連の参戦を経て、御前会議が開かれた。そして紆余曲折の末、八月一四日深夜に日本はポツダム宣言受諾を最終的に決定し、その旨を連合国に通達して、ようやく戦闘は停止したのである（鈴木多聞『「終戦」の政治史一九四三―一九四五』）。

この時点でアメリカの姿勢は幾分和らいでいた。八月一一日、対日政策を検討していたＳＷＮＣＣ（国務・陸軍・海軍三省調整委員会）は、天皇に降伏文書への調印を求めないことを決定したのである。さらには日本占領を直接軍政ではなく間接占領で行うことになり、天皇制を温存する方針へシフトした（前掲『資料日本占領一』）。ただし、昭和天皇を戦犯として訴追するかどうかは、まだ議論の俎上《そじょう》に乗っていた。

流言飛語と不敬言動

大多数の日本国民がポツダム宣言受諾を知ったのは、八月一五日正午に昭和天皇が自ら終戦の詔書を読み上げるラジオ放送（玉音放送）が流れてからであったが、直後から民間における天皇退位の流言飛語ならびに不敬言動が、各地の警察から内務省へ報告されることになる。いくつか紹介してみよう。いずれも八月から九月にかけて報告された事例である。

天皇陛下は自害された（鳥取）

天皇は皇太子殿下に譲位されて沖縄に行幸された（鳥取）
天皇は真に民族の為めならば徹底的に抗戦して愈々《いよいよ》の際には自己が戦争責任者となり帝位を皇太子に譲るべきだ（鳥取）
畏れ多い話だが天皇陛下は連合軍のために退位させられるのではないか（東京）
十一月頃皇太子殿下が皇位につかれ秩父の宮様が摂政になられる（東京）
東宮職が設置せられるので天皇陛下は戦争責任者として降下せられるであろう（滋賀）
八日市部隊よりの情報では天皇陛下は琉球に流され、女は全部上陸軍の妾になり混血児を作る。男はアフリカ或はニューギニヤに送られ奴隷に使う由（滋賀）
天皇陛下は今次の降伏で御心労の余り御崩御になったそうだ（滋賀）（『資料日本現代史二　敗戦直後の政治と社会』）

もちろん、いずれも根拠のない話である。だが、このような噂が流れたという事実は、敗戦が天皇の進退につながるという認識が広く共有されていたことを示すものといえよう。国民は天皇の身に何か重大な事態が起こることを予想したし、それが自然な成り行きだと直感していたのである。

図2　木戸幸一

東久邇宮内閣の姿勢

八月一七日、鈴木貫太郎内閣は総辞職し、東《ひがし》久邇《くにの》宮《みや》稔彦《なるひこ》王が後任の首相となった。東久邇宮首相は戦争責任について、「一億総懺悔《ざんげ》」を唱えて国民の反発を受けたが、同時に彼は天皇退位論者でもあった。東久邇宮内閣で外務省政務局長を務めた田尻愛義《たじりあきよし》は、日本の再建のために天皇の退位が必要であると東久邇宮に申し入れたところ、東久邇宮も賛同したと記している（田尻愛義『田尻愛義回想録―半生を賭けた中国外交の記録―』）。連合国に対する宣戦布告は天皇の名において行われた。政策の決定は内閣の責任であり、天皇に政治的責任はない。だが、道義的責任は存在するし、それは退位によってのみ果たしうる。道義的責任を果たすことで、皇室と国民の絆を守ることができる。逆にいうと、天皇が道義的責任を果たさなければ、皇室と国民の信頼関係が損なわれ、絆が消滅してしまいかねないという論理である。東久邇宮内閣では、近衛が副総理格の国務大臣として入閣していたし、後述するように内閣書記官長の緒方竹虎《おがたたけとら》も退位論者であった。他にも東久邇宮内閣の中で退位論者がいた可能性を否定できない。

当の昭和天皇は、八月二九日に木戸幸一《きどこういち》内大臣に対して、次のように退位を相談している。

戦争責任者を連合国に引渡すは真に苦痛にして忍び難きところなるが、自分が一人引受けて退位でもして納める訳には行かないだろうかとの思召あり。（『木戸幸一日記』昭二〇・八・二九）

戦犯裁判と天皇

この場合、天皇は自身が被告として法廷に立つことを想定していたわけではあるまい。近衛の「仁和寺に出家」という案と重なっているとみてよいだろう。自分が退位することで、部下を赦免してもらうという日本人的発想である。木戸は、退位はむしろ皇室の動揺と取られると諫め、天皇も従ったが、結果としてこれは正解であった。というのも、SWNCCの議論では、「裕仁は戦争犯罪人として逮捕・裁判・処罰を免れない」という見解が支配的だったからである。そのため一一月二九日、統合参謀本部は連合国最高司令官マッカーサー元帥（D. MacArthur）に証拠を収集して報告するよう命じた。

ただし、天皇の裁判は、天皇抜きでもアメリカの占領目的が達成できると判断した場合に提起されるとの留保がついた。天皇が退位するということは、天皇抜きでも日本社会は成り立つと認めるようなものであるから、その場合、アメリカは天皇を戦争犯罪人として逮捕・訴追したと思われる（前掲『資料日本占領一』）。逆にいうと、天皇抜きでは占領統治に支障をきたすというのであれば、天皇は訴追を免れる公算が高くなるわけである。

昭和天皇・マッカーサー元帥第一回会見

さかのぼって九月二七日、昭和天皇はアメリカ大使館にマッカーサーを訪問した。巷間《こうかん》、この第一回会見で天皇が一身に戦争責任を引き受けると明言して、マッカーサーを感動させたという話が長く流布していた。実際には、昭和天皇が真珠湾奇襲攻撃について、自分の本意ではなかったと弁明したことが、今日では明らかになっている（松尾尊兊『戦後日本への出発』、豊下楢彦『昭和天皇・マッカーサー会見』）。天皇と連合国最高司令官の一連の会見が、どのような意味を持ったかについては、後で考察したい。いずれにしても、天皇の戦争責任が避けては通れない問題であったわけだが、マッカーサーは第一回会見で昭和天皇から占領統治に協力するという確約を得たので、昭和天皇を保護する方針を固めた。幕僚の一人であるフェラーズ准将も、天皇温存が得策であることをマッカーサーに具申した（前掲『資料日本占領一』）。天皇本人とその周辺の人々にとって、退位は喫緊の課題ではなくなったかに見えた。

思想言論の自由

読者の中には、ともすれば昭和二〇年（一九四五）八月一五日を境に日本社会が一変したと思い込んでおられる方が多いかもしれないが、それは誤解である。大日本帝国とその法体系はいまだ健在であり、先に紹介した流言飛語も含め、天皇制批判は一切タブーであった。退位論も指導者の間で内密に話し合われていたに過ぎず、オープンな議論はなされていない。新聞も社説で国体護持を訴えるだけで、天皇制そのものを議論の対象とすることはなかった。

そのような状況が一変したのは一〇月に入ってからである。四日、GHQ／SCAP（連合国最高司令官総司令部）は日本政府に対して指令を発し、天皇に関する議論の自由化、政治犯の釈放、特別高等警察の廃止、警察の責任者である山崎巌《やまざきいわお》内務大臣の罷免を命じた。これは天皇制廃止論を唱え、天皇制廃止の運動を起こす自由を認めることを意味していた。アメリカとしては、天皇制の廃止を強制しないものの、日本国民の中から天皇制廃止を目指す動きが出ることは妨げないという方針を固めており、GHQは本国の方針に従っただけだが、東久邇宮内閣は衝撃を受けた。そして、このような命令は受け入れられないとして、総辞職したのである。

後任は、戦前に立憲民政党政権で外務大臣を務め、親英米派として知られていた幣原喜《しではらき》重郎《じゅうろう》であった。幣原は、むしろ国体を守るためにＧＨＱに協力するという姿勢を見せ、一〇月一〇日に政治犯を釈放した。長らく治安維持法によって非合法の存在だった日本共産党が、初めて活動の自由を得たのである。天皇制を自由に論じる環境が出現したことが、これ以上ない形で日本国民に知らしめられたといえよう。同日、前田多門《まえだたもん》文部大臣は記者会見で、憲法第一条に沿った天皇の研究は自由であるとし、天皇機関説を禁止するようなことはないと明言したが、もはや天皇制の議論をそのような枠の内に留めることは不可能であった。

解禁された天皇制論議

憲法改正問題と近衛文麿

ポツダム宣言は日本に対して軍国主義の除去と民主化を要求していたが、一〇月四日に近衛と会見したマッカーサーは、憲法改正が必要であると示唆した。東久邇宮内閣退陣によって無役となった近衛は、一一日に内大臣府御用掛となり、憲法学者の佐々木惣一《ささきそういち》を顧問として、憲法改正案の作成に着手した（吉田前掲書）。ただし、幣原内閣は近衛の作業を公式のものとは認めず、松本烝治《まつもとじょうじ》を委員長とする憲法問題調査委員会を設置することになる。また、外務省でも独自に憲法改正問題を研究していた（河西秀哉『「象徴天皇」の戦後史』）。

近衛は議院内閣制の確立が憲法改正の根幹だと考えていたが、一〇月二一日にＡＰ通信記者ブラインズに対し、皇室典範に退位の規定を入れるつもりであると語った。この発言は二三日付の『朝日新聞』で報じられたが、翌日、昭和天皇は木下道雄《きのしたみちお》侍従次長に近衛の人物評と、「万一御退位の必要に迫られたる場合の、其の後の生物学御研究の助手のこと」について語っている（『側近日誌』昭二〇・一〇・二四）。前日の新聞記事を意識しているものとみてよいだろうが、退位が自身の戦犯としての訴追につながることを想定していないともとれる。近衛は二三日に幣原首相の申し入れを受けて、皇室典範の改正も退位も現実の問題ではないと釈明したが、退位問題は公然のものとなった。なお、近衛はこの後戦犯に指定され、逮捕直前の一二月一六日に服毒自殺する。自身が日中戦争の責任者であることをまるで自覚していなかったあたり、厳しい評価を免れないであろう。

一一月五日、幣原内閣は「戦争責任等に関する件」を閣議決定し、立憲君主制に従って行動した天皇に戦争責任はないという見解を示した。これが今日に至るまで日本政府の公式見解になっているわけだが、八日に木下道雄は侍従武官の中村俊久海軍中将から、天皇の戦争責任について、内々に説明を受けている。中村は、「一国の統治者として、国家の戦争につきロボットにあらざる限り御責任あることは明なり」という見解だった（『側近日誌』昭二〇・一一・八）。閣議決定だけで天皇の戦争責任問題を解決できないことは明白であった。

声をあげる天皇制反対派

一方、活動の自由を得た日本共産党は、早速一〇月二〇日に機関紙『赤旗』を刊行し、「人民に訴ふ」と題して天皇制打倒を宣言した（神山茂夫編『日本共産党戦後重要資料集』）。長きにわたる投獄生活の中で節を曲げなかった共産党員たちの声望はたちまち巨大化し、特に労働運動をリードすることになる。

日本共産党幹部の中でも、戦時中に中国共産党の根拠地である延安に亡命していた野坂《のさか》参三《さんぞう》は、日本兵捕虜を尋問した経験から、日本国民の意識における天皇崇拝の根強さを痛感しており、天皇制の存廃は将来の問題として、当面は天皇制を政治から切り離すという主張に留めるべきと考えていた。だが、獄中で二〇年前後の歳月を過ごした徳田《とくだ》球一《きゅういち》や宮本顕治《みやもとけんじ》は、天皇制即時廃止の主張を譲らなかったのである。日本共産党は天皇個人についても戦争犯罪人と名指しして戦争責任を追及する姿勢を見せるが、共産党に触発されたのか、一一月に入る頃から新聞や総合雑誌において、天皇制についての議論が活発に展開されていく。

先陣を切ったのは、戸田慎太郎《とだしんたろう》が編集長となって刊行した雑誌『民主評論』であった。

戸田は『日本資本主義分析』で知られた経済学者であり、昭和一一年（一九三六）の一二・五事件で投獄された経歴を持ち、敗戦後は日本の資本主義と天皇制についての研究、著述活動に専念した人物である。『民主評論』は共産党の機関紙『前衛』と補完関係にあり、創刊号（昭二〇・一二）で戸田が「天皇制廃止の基礎問題に就て」を掲載したのを皮切りに、毎号のように天皇制についての特集を組み、革新勢力の理論誌として注目された（吉田健二「『民主評論』解題」『民主評論復刻版』）。

『朝日新聞』への投書

『朝日新聞』では、一一月から天皇制に関する投書が繰り返し掲載されるようになる。当時の新聞は裏表二ページしかなかったが、投書欄を拡大して天皇制に関する投書を特集したこともあり、次のような学生による天皇制廃止論が掲載された。

日本人の信仰の中心である天皇制を廃止することは、国民の支柱を折るとの説は成立しない。重大なる激動期に際しての混乱、困難は避け難いというよりは寧《むし》ろあった方が結果から見てよいか、或《あるい》はなくてはならないのでさえある。かくて天皇制を廃することは、却《かえ》って国民の中に新しい、しかもより正しい信念を生ぜしめるであろう。（『朝日新聞』昭二〇・一一・二三）

この時期の『朝日新聞』で目につくのは、衆議院議員の宮沢裕《みやざわゆたか》や松永材《まつながもとき》國学院教授、田中耕太郎《たなかこうたろう》東大教授などの知識人が天皇制支持論を投稿していることである。たとえば田中は「天皇制の弁明」と題して、次のように危機感をあらわにしている。

新聞が輿論《よろん》の縮図たる使命を果すべきものとすれば、この頃の諸紙は少くとも天皇制に関する限り、国民大衆の意見を代表しているか否か甚だ疑問なきをえない。九十九パーセントの天皇制の支持者は何故に沈黙しているのであろうか。(『朝日新聞』昭二一・一・二四)

田中は天皇制が決して軍国主義と一体ではなく、民主主義と両立できることを説くのだが、早くも天皇制の語が普及したことがわかる。敗戦前後は国体護持が至上命題だったのに、いまや国民の前には天皇制を支持するか否かの選択肢が提示されていたのである。

『読売報知』の特集

『読売報知』は労働組合が経営陣の戦争責任を追及したことから、第一次読売争議が発生し、労働組合は生産管理を行って新聞の発行にあたっていたが、一一月に「民主主義獲得への途」と題する全五回の連載を掲載した。これは評論家の室伏高信《むろぶせこうしん》と岩淵辰雄《いわぶちたつお》、貴族院議員の徳川義親《とくがわよしちか》、憲法学者の鈴木安蔵《すずきやすぞう》、日本共産党幹部の志賀義雄《しがよしお》、民衆新聞社社長の小野俊一、日本社会党の衆議院議員松本治一郎《まつもとじいちろう》による座談会である。全員の共通認識として強調されたのは、憲法を国民主権に改めることであったが、連載の中で志賀は堂々と天皇制廃止を主張し、松本も天皇制への反感を露わにした。なお、一二月に正力松太郎《しょうりきまつたろう》社長が戦犯に指定されたことで、従来の経営陣が戦争責任を問われて退き、第一次読売争議は労働組合が勝利した。

「天皇制」の定着

一二月一日、貴族院本会議で松村義一が共産党の天皇制廃止論を不敬罪の適用によって取り締まることはできないかと質問したのに対して、岩田宙造《いわたちゅうぞう》司法大臣は次のように答弁した。

抽象論と致しましては天皇制廃止の如き論議は是れ即ち不敬罪、不敬であると申すことは出来ないと考へるのでありまして、其の論議の仕方に依りまして、不敬罪に当ることがあり得るものであると言う以上には、各場合に付て判断する外はないのであります。……天皇制廃止の如き議論は極端なる少数の共産主義者が今日公然唱えて居りまするが、是は日本全体の国民から申しますれば、極く例外の一部分でありまして、大多数が之に反対して居ると云うことは、是は言うを俟《ま》たない所であります。……政府と致しましては、只今の処では国家の権力を以て之を禁止するよりも、一般国民の多数の輿《ママ》論に依って之を圧倒する方が利益なりと考えるのであります。

岩田は「天皇制」という用語を使っている。国体護持論者も、共産党に対抗する上で「天皇制」という用語を口にするようになり、「天皇制」は一般的な言葉として市民権を得た。本書の関心は天皇退位論であって天皇制廃止論ではないので、共産党の議論には深く立ち入らないが、この時期の共産党の存在感が大きく、天皇制の議論を急速に活性化させたことは、読者の念頭に留めておいていただきたい。

『毎日新聞』の調査

『毎日新聞』一二月五日付は東大生による農村の輿論調査結果を掲載した。記事によると、東大文学部社会学科の学生七人が、一一月二三日から一週間にわたり、岩手・宮城・茨城・栃木・群馬・千葉・神奈川・山梨・東京・新潟・長野・静岡・愛知・京都・奈良・大阪・神戸の農村を訪問し、面談形式で農地改革や食料供出についての意識調査を行った。その中で天皇制についても質問したが、「天皇制問題に対しては絶対支持、批判の対象とすべきでないとの意見が多い」という結果だった。この調査は対象をどのように抽出したのか、回答者総数は何人で有効回答数はどれだけだったか、各回答の割合はどうなったかということが明らかにされていない。そもそも戦前の日本では輿論調査自体が行われていなかったので、方法論が確立していなかったのだが、天皇制について支持するか否かを調査すること自体、画期的なことであった。

また、東大では、農村の調査とは別に学生一一三一人を対象とする輿論調査も実施され、天皇制については次のような結果が出ている。

天皇制の存廃可否についてどのような考えをもつか

(イ)そもそも批判論議の限りではない（一三九名、一二％）

(ロ)一部改革して存続せよ（四五二名、四〇％）

(ハ)根本的に改革して存続すべきである（四〇〇名、三五％）

(ニ)廃止すべきである（七一名、六％）

(ホ)別に意見なし（六九名、六％）

（『朝日新聞』昭二〇・一二・九）

廃止論は一割にも満たないが、改革が必要であるということは彼らの共通認識であった。

天皇の戦争責任

五日、衆議院予算委員会で近衛が天皇退位に言及していることについて田中伊三次《たなかいさじ》が質問し、松本烝治国務大臣は退位などあり得ないと答弁した。田中は「天皇に戦争責任なし」という立場であり、むしろ退位を否定する答弁を期待して質問したのだが、近衛の発言から退位の噂が広まり、無視できなくなっていたことを示している。ということは、「天皇が戦争責任を取って退位する」という論理に強い説得力があったことを意味するだろう。

六日、近衛と共に木戸に対して戦犯容疑での逮捕令が出された。前述のように近衛は裁判を逃れるために自殺したが、木戸は法廷で天皇の無実を証言しようと覚悟を決めた。実弟和田小六《わだころく》の娘婿である都留重人《つるしげと》が、「アメリカの考え方では、内大臣が罪を被ったら天皇が無罪となるというのではなく、内大臣が無罪なら天皇も無罪、内大臣が有罪なら天皇も有罪」と助言したこともあり、木戸は徹底的に自己弁護の方針を固めた（『木戸幸一日記』昭二〇・一二・一〇）。彼が証拠として提出した日記は本書でも度々引用するように、第一級史料であるが、天皇に政治的戦争責任ありとする研究者も頻繁に論拠として用いるので、木戸にとっては不本意な結果となったかもしれない（たとえば井上清『天皇の戦争責任』など）。

民主化と天皇制

年が明けて昭和二一年（一九四六）一月一日、新聞各紙は元日に下された詔書を掲載した。いわゆる「人間宣言」である。『毎日新聞』は詔書全文に並べて、一二月二二日に宮城内で行われた天皇皇后と記者団との会見記事を掲載した。執筆者の藤樫準二《とがしじゅんじ》は戦前からの皇室記者であり、その後も皇室に好意的な記事や著作を相次いで発表することになる人物である。新聞記者が拝謁を許されたのは、これが初めてで、記事は天皇の慈悲深い人柄を強調しているが、同じ紙面で「民主体制の強力展開」という連載が始まった。これは教育界から第一高等学校校長の安倍能成《あべよししげ》、政界から日本社会党の水谷長三郎《みずたにちようざぶろう》と日本共産党の志賀義雄、憲法学界から東大教授の宮沢俊義《みやざわとしよし》と横田喜三郎《よこたきさぶろう》、評論家の室伏高信、毎日新聞論説委員の美濃部亮吉《みのべりようきち》の計七人による座談会で、ポツダム宣言が要求する日本の民主化をどのように進めるべきかが話し合われた。この座談会において、参加者は天皇制に関して積極的に発言している。天皇制廃止を主張したのは志賀だけだったが、天皇の政治的権限を除去することでは全員が一致した。

「民主体制の強力展開」は全七回で完結し、翌日付から「天皇制の解明」という新連載が始まった。毎日新聞チューリヒ特派員で現地の大学講師を務める若山淳四郎、日本史研究者の羽仁五郎《はにごろう》、憲法学者の尾佐竹猛《おさたけたけき》と鈴木安蔵《すずきやすぞう》、弁護士出身で社会科学研究所員の野口八郎、中世史研究者の藤直幹《ふじなおもと》が、天皇制に関する論考を寄稿するという企画である。中国の厳しい輿論を紹介する回もあった。天皇制を全面的に肯定したのは藤のみで、他の寄稿者は直接的には天皇制廃止を唱えなかったが、いずれも天皇制批判の側に立っている。どのような経緯で『毎日新聞』がこのような連載を企画したのかわからないが、東久邇宮内閣退陣から三ヵ月で、天皇制をめぐる状況はかくも大きく変わったのである。

おりしも一月二五日、マッカーサーは統合参謀本部に対して、天皇が戦争犯罪人である証拠を発見できなかったこと、仮に天皇を訴追すれば日本社会が無秩序状態に陥り、占領軍が一〇〇万の兵力を必要とするであろうことを報告した。この結果、二月八日に統合参謀本部はマッカーサーに天皇免訴を伝えることになる。もちろん一連のやり取りは日本側の知るところではなかったが、昭和天皇は最大の危機を脱したのである。

内務省の退位論

それとは裏腹に、国体護持を熱望していた人々の間で退位論はくすぶっていた。後に同志社大学教授となるケーリ（O. Cary）は、アメリカの戦略爆撃調査団の一員として来日していたが、前年一二月下旬に内務省内で退位関係の書類を作成したとの情報を得ている。

内務省では退位関係の書類を作っているということを確かな筋からきいた時には、ちょっとがっかりした。高松宮にぼくが最後に会った日〔昭和二〇年一二月一六日〕の二日後から、懸命になってやり始めたらしい。同じ筋から聞いたさらに最近の話では、退位関係の書類はすべて一括され、内務大臣の専用の金庫に納められているということだ。退位されるのであれば、二月一一日の紀元節にするのが一番筋が通るだろう。

（ケーリ『天皇の孤島』）

木戸も、内務省内ではかなり後まで退位論が残っていたと証言している。また、A級戦犯として訴追され、巣鴨拘置所に入る直前に、講和が成立したら退位すべきと天皇に進言したとも語っている。

それから、大体内務省系統の官僚連中はかなり先の、時過ぎたまでもご退位問題は出ましたね。これはまぁ確かに一つの論ですよね。……だから、そのときに私は、前から申し上げているように陛下のご退位という問題は、今お互いにやる時じゃないと。それじゃあ、いつかというと、日本が平和の国家として世界の一員として復帰するときがそれだと。ということは、講和条約の出来たときは、その時期じゃないかと。

（『木戸幸一政治談話速記録』国立国会図書館憲政資料室所蔵）

内務省内で退位論が根強かったというのは、警察の報告に接していたことで、国民の反応を意識せざるをえなかったのかもしれない。木戸は、天皇制そのものを動揺させるようなタイミングでの退位には反対したが、長期的には国体護持のため退位が必要と考えていた（吉田前掲書）。天皇が戦争責任をとらなければ国民との信頼関係が崩れるという論理は、木戸も共有していたのである。

佐々木惣一の退位論

昭和二一年（一九四六）一月二一日、細川護貞は故人となった近衛の法要のため、遺族および関係者とともに京都を訪れたが、法要を翌日に控えた二三日に佐々木惣一を訪問した。佐々木は細川に対し、「此の際、御上が退位遊ばさるることが、最も皇室の御為よろしき様思わる」と述べている（『細川日記』昭二一・一・二八）。

佐々木が近衛の依頼を受けて作成した憲法改正案は、大日本帝国憲法と同様に天皇を統治権の総攬者として位置づけるものだったから、国体護持の観点から退位を必要と見る立場にあったといえる。

皇族の退位論

マッカーサーが昭和天皇の免訴を勝ち取った時点で天皇の地位は安定したかに見えたが、状況を攪乱する事態が起こった。二月二七日付の『読売報知』が、ＡＰ通信のブラインズ記者が宮内省幹部に取材して得た情報として、天皇が戦争責任を取って退位し、摂政に高松宮を立てる計画があり、東久邇宮を含む皇族がこぞって賛成していると報じたのである。この時期の『読売報知』は前述のように労働組合が編集権を握っていたため、革新勢力の立場で論陣を張っていた。

さらに同日の枢密院本会議で、昭和天皇の末弟三《み》笠宮崇仁《かさのみやたかひと》親王の発言が昭和天皇の顔色を失わせた。列席していた芦田均《あしだひとし》は次のように記している。

それ〔公職追放を勅令として発布する件〕が終ると三笠宮が起上がって紙片を披かれた。問題は皇族の立場についてであった。現在天皇の問題について、又皇族の問題について、種々の論議が行われている。今にして政府が断然たる処置を執られなければ悔いを後に残す虞《おそれ》ありと思う、旧来の考えに支配されて不徹底な措置をとる事は極めて不幸である、との意味であった。

聞く人は皆深い思に沈んだ顔色をしていた。陛下の今日の御様子は未だ曾てない蒼白な、神経質なものであった。（『芦田均日記』昭二一・二・二五）

三笠宮の発言は遠回しに天皇の進退を問うものであったと解釈してよいだろう。翌日、詳細は分からないが、昭和天皇と木下は『読売報知』の記事について話し合っており、一連の動きを深刻に受け止めていたことが窺える（『側近日誌』昭二一・二・二八）。

そして、憲法改正問題の急展開が、日本社会にさらなる衝撃をもたらすことになった。

日本国憲法の成立

高野岩三郎の天皇制廃止論

昭和二一年（一九四六）に入ると、総合雑誌でも共産党関係者以外の人々による天皇制廃止論が目につくようになっていた。代表的な人物に高野《たかの》岩三郎《いわざぶろう》がいる。高野は知識人有志が憲法改正案研究のために結成した憲法研究会の一員であった。憲法研究会が天皇を儀礼的な存在と規定する憲法案を作成したのに対して、高野一人だけ天皇制廃止論を主張して、独自の共和制憲法案を発表したことで知られる。彼は次のように述べた。

> 天皇制の廃止論は現下我国に於ては共産党の独占に限らるる観あるも、社会党の内部にも、又冷静に民主政治の理念を考察する有識者の間に在ても、たとい私の如き生い

立ち境遇よりして自由に此問題を考え得べきものでなくとも、又たとい天皇の個人に対しては愛敬の念禁じ難き場合にも、同様の思想を抱くもの世間其人に乏しからずと認められる。（高野岩三郎「囚われたる民衆」『新生』昭二一・二）

高野が認めるように、共産党以外に天皇制廃止論を掲げた政党はなかった。したがって、各政党が作成した憲法改正案も、議院内閣制を明記し、統帥権を始めとする天皇大権を大幅に削減するものではあったが、明らかな立

立憲君主制維持路線

憲君主制という一線で足並みを揃えていた。彼らの共通認識として、大日本帝国憲法の問題点は議院内閣制と文民統制を確立できなかった点にあるのであって、君主政体そのものを否定すべき理由はなかった。

そのような考え方に立って作成された憲法改正案の最たるものが幣原内閣の改正案であり、大日本帝国憲法と大差ない試案が『毎日新聞』によってスクープされた。『毎日新聞』は同じ紙面に掲載した社説で、天皇の統治権が従来とほとんど変化していない点を論難しつつも、「天皇が日本の君主であるということには、われらは固より異議はない」としている（『毎日新聞』昭二一・二・一）。前節で紹介したように、同紙は既に天皇制に関して忌憚のない議論を掲載しているから、特に政府に遠慮してこのように断ったわけではな

い。日本が今後も君主国として存続することと、民主化とはヨーロッパのような立憲君主制の実現を意味することとは、日本社会の常識であったといってよい。

憲法改正問題の急展開

その常識を大きく揺るがしたのが、三月六日に幣原内閣が発表した憲法改正草案である。草案では、「天皇は日本国民至高の総意に基き日本国及其の国民統合の象徴たるべきこと」と定めていた。天皇は君主とも元首とも規定されず、しかもその地位は国民の総意に基づくとされたのである。周知のように、これは『毎日新聞』がスクープした政府案に失望したGHQが英文草案を独自に作り、それを幣原内閣に提示したものが元になっていた。天皇を守りたいマッカーサーとしては、天皇制が存続しても無害であると連合国を納得させるような憲法改正を必要としていたのに、幣原内閣にまるでその意識がないことに苛立ったのである。

昭和天皇と幣原内閣は不本意ながらもGHQ案を受け入れ、それを和訳したものが政府案として発表された。当時日本に駐在していたイギリスの代表団が本国に報告しているが、政府案の背後にGHQがいることは当時から広く認識されていた（前掲拙稿）。今日に至るまで保守勢力の一部から、日本国憲法が「占領軍による押しつけ」と批難される所以《ゆえん》であるが、ここでその是非を論じるつもりはない。政府案が発表されると、草案が天皇制の存続を規定していることを評価して、天皇制支持者は賛成した。逆の理由で、共産党のような天皇制廃止論者は反対した。

昭和天皇の苦悶

政府案発表後、昭和天皇は松平慶民《まつだいらよしたみ》宮内大臣、木下道雄侍従次長、松平康昌《やすまさ》宗秩寮総裁、稲田周一《いなだしゆういち》内記部長、寺崎秀成《てらさきひでなり》御用掛を相手に、戦時中の自身の行動について聴き取りを行わせた。これをまとめた記録が、「昭和天皇独白録」として知られる文書である。これはマッカーサーの側近フェラーズ准将の働きかけを受けて、天皇に戦争責任がないことを弁明するために作成されたことがわかっている（吉田前掲書）。

この聴き取りが行われていた最中の三月一九日、昭和天皇は木下に対して、「御退位のことにつきては、しかるべき時期を見て決行さるることを可とせらるるにあらずやと思わるる御言葉ありき」と感じ取られるような発言をしたらしい。これだけでは昭和天皇の意志を測りかねるが、身内の皇族から退位論が出たことに懊悩《おうのう》していたことは確かであろう。ただ、当時は極東国際軍事裁判（東京裁判）が開廷する前であり、アメリカ本国が天皇免訴の方針を固めていたとはいえ、退位した場合に天皇訴追の話が再燃する可能性は否定できなかった。天皇が戦犯として法廷に立って自身の行為を弁明することになれば、国民の天皇制に対する支持も根底から動揺することを免れなかったであろう。仮に昭和天皇が退位を決断できるような「しかるべき時期」というものがあるとすれば、誰の目にも分かる形で天皇制の存続を確定できたときということになるだろうか。

天皇の責任の取り方

むしろ、このとき側近たちは留位に向けての理論構築に努めていたようである。三月二二日付で鈴木《すずき》一《はじめ》主殿頭が作成した「譲位ニ付テ」（『芳賀四郎文書』国立国会図書館憲政資料室所蔵）と題する文書では、次のように述べている。

敗戦ニ対スル道義責任アリトノ理由ヲ以テ直ニ退位ノ問題ヲ論スル者アルハ、蓋《けだ》シ皇位ノ絶対尊厳ヲ知ラス、唯民間ノ慣習タル隠居論ヲ以テスルモノニシテ、即チ人民ノ道ヲ以テ帝王道ヲ律セントスルノ愚ヲ敢テスルモノト云フヘシ。退位ト道義責任トヲ結ヒ付クル如キハ断シテ許容スヘカラス。

天皇と一般人とでは責任の取り方が違うというのである。その一方で、この文書では道義的責任の取り方について、詔勅を出すか、あるいは皇室財産の開放が考えられていた。だが、謝罪の詔勅は出されなかったし、皇室財産はＧＨＱの命令で課税された。すなわち、この文書も認める道義的責任を天皇は果たしていないことになる。

昭和二一年四月総選挙

四月、戦後初の、そして日本史上初めて女性が参加する総選挙が行われた。いまだ大日本帝国憲法は有効であり、天皇から大命降下があれば、国会議員でなくとも内閣総理大臣になることが可能であった。そのため幣原首相は総選挙に出馬することなく、引き続き政権を維持しようとしたが、自由党・社会党・日本協同党・共産党の反対運動により、その目論見を絶たれた。このため衆目の一致するところ、衆議院第一党となった自由党を率いる鳩山一郎《はとやまいちろう》に大命が降下されるべきであったが、鳩山はソ連を批判する発言をしたことと、斎藤実《さいとうまこと》内閣の文部大臣として京大滝川事件の当事者であった経歴が、GHQの忌避するところとなった。そのため鳩山はGHQから組閣を辞退するよう圧力を受け、それを拒んだために公職追放を受けてしまう。鳩山は自身の公職追放が解除されるまでのリリーフ党首となることを旧知の吉田茂《よしだしげる》外務大臣に頼み、吉田がそれに応じたことで第一次吉田茂内閣が成立する。

この間、後継首相選定に際して、昭和天皇は全くといっていいほど関与することができなかった。本来なら、天皇が重臣に諮問して次の首相を選任するはずであるが、新憲法制定を待たずに、議会第一党から首相が選ばれるべきという考え方が独り歩きしたのである。憲政開始以来、天皇が担ってきた重要な機能が消滅したことになる。もっとも、木戸幸一内大臣が戦犯として収監され、内大臣府も廃止されてしまった状況では、天皇としても動きようがなかった（渡辺治『戦後政治史の中の天皇制』）。

南原繁の退位論

さて、四月二九日は昭和天皇の誕生日であった。今日では天皇誕生日と呼ばれる祝日は当時天長節と呼ばれており、単なる休日ではなく祝賀式典を行う日であった。東大でも天長節式典を行ったが、南原繁《なんばらしげる》総長が講演で天皇の戦争責任に言及して注目を集めた。

今次の大戦について政治上法律上、陛下に何の御責任のないことはかく明白でありましても……御宗祖に対し、また国民に対し、道義的倫理的御責任を最も強く感じさせられるのは陛下であると推察するのでであります。……天皇は御躬ら自由の原理に基き率先して国民の規範たり理想たるべき精神的道徳的の聖なる御責任を帯びさせられるでありましょう。殊にその御挙措御進退が世界環視の間に在り、国民仰視の中に立ち給うときに於てそうであります。（『帝国大

図3　南原　繁

学新聞』九八六号）

近衛や東久邇宮とは異なり、現役の公職者が、天皇は戦争責任を取るため退位すべきだと公言したのである。南原は貴族院議員でもあったため、貴族院で皇室典範改正案の審議に参加したが、ここでも退位の規定を入れることを主張した。退位の規定がなければ、手続きとして退位のしようがないからであった。皇室典範改正については、奥平康弘が詳細に検討しているので、その成果を利用させてもらう（奥平康弘『「萬世一系」の研究』）。

皇室典範改正と退位の規定

南原が退位規定を必要とした理由は三点あった。第一に、重大な疾患がある場合に退位を認めないのは不合理である。第二に、天皇に進退の自由を認めないのは人権侵害である。第三に、天皇が戦争に対して道徳的責任をとることを妨げるのは不忠である。

このうち喫緊の問題は三番目の戦争責任であった。天皇の名において国民は戦死し、戦災に苦しんでいる。そして多くの文官武官が処罰されている。この状況で天皇は責任を感じて苦悩しているであろう。にもかかわらず退位を許さないというのは、大義名分と国民心理から目を背けるものだというのである。

南原に先立って、佐々木惣一も退位の規定を入れるべきと主張した。佐々木が考える退位の必要性は次のようなものであった。

天皇が御自身で其の地位に在らるることが、国の為にならぬとお考になることは、ないとも限りますまい。即ち国家的見地から、此の個人的の立場からじゃなしに国家的見地から、自分は此の地位を去られることが良いとお考になることもないとは限らぬと思います、斯う云う場合に、国家は之に付きまして何等か考慮しなくても宜いものでありましょうかどうか、此の点をお尋ね致したいと思うのであります。

佐々木は近衛のブレーンでもあり、細川に天皇の退位が必要であると語っていたから、この発言の裏に天皇退位論を読み取っても的外れではあるまい。佐々木は昭和天皇が退位することが、日本のためになると見ていたのである。

退位問題一段落

だが、政府は皇室典範に退位の規定を入れることを拒んだ。退位の規定は現実に不都合をもたらすというのがその理由だったが、退位の規定が含まれた皇室典範の制定が昭和天皇の退位に直結することを恐れたのである。

憲法改正も皇室典範改正も、政府案が大きな変更を受けることなく国会を通過し、成立した。天皇は国政に関する権能を持たない「象徴」として存続することになった。そして昭和天皇抜きで東京裁判が開廷し、審理が進んだ。これで天皇の進退問題は一段落したという雰囲気が広がったのか、天皇制の議論は沈静化する。

昭和二一年（一九四六）八月一四日、昭和天皇は終戦一周年に際して、鈴木、東久邇宮、幣原、吉田の新旧四人の首相と吉田内閣の経済閣僚たちをお茶に招いた。その席で次のように語ったと侍従の入江《いりえ》相政《すけまさ》は記している。

> 隣室に於て漏れ承りたる所によれば、朝鮮半島に於ける敗戦の後国内体勢《ママ》整備の為天智天皇は大化の改新を断行され、その際思ひ切った唐制の採用があった。これを範として今後大いに努力してもらいたしというようなお言葉であった。（『入江相政日記』昭二一・八・一四）

昭和天皇が自身を天智天皇になぞらえたのであれば、内々の留位宣言と解釈できるだろう。

昭和二二年（一九四七）五月三日に新憲法が施行され、続いて天皇は関西行幸、東北行幸、北陸行幸、中国行幸と各地への大規模な行幸を繰り返し、盛大な歓迎を受けた。もはや退位問題は消えたかに見えたが、戦争責任問題が根本的に解決していない以上、そうはならなかったのである。

東京裁判の章

戦争責任と退位問題

「憮然たる世相の弁」

東京裁判は昭和二三年（一九四八）四月二二日に結審し、あとは判決を待つばかりとなった。それからしばらくして出た『週刊朝日』五月一六日号に掲載された座談会「憮然《ぶぜん》たる世相の弁」の中で、三淵忠彦《みぶちただひこ》最高裁判所長官と佐々木惣一が、次のようなやり取りを交わした。

佐々木　むつかしいといえば、天皇の立場ということもそう思うね。……かりに陛下が道義的にお考えになって退位されたいと考えられても、日本の天皇という立場からは、すぐそういうことにはならん。それならば何によって決めるか。やはり国民の意思によるがよい、というのがぼくの意見です。例えば、自分はやめる方が国のためにいいと思うからやめたい、という意思を国会に表明する。そこで国会はどちらかに決定する。

三　淵　どうかね、その場合に国会だけで決めるか、あるいは国民投票に問うか、これは問題だナ。

佐々木　そう、それは問題だ。しかし、それは国会として国民に意思を問うかどうかを決めればええだろう。天皇が国家のためを考えて、やめた方がええと思えば、国民の意志に問うて決してもらうという態度をとるという制度にするがよいと思う。今の制度ではその余地はないのだ。

三　淵　ぼくらはネ、終戦当時陛下は何故《なぜ》に自らを責める詔勅をお出しにならなかったか、ということを非常に遺憾に思う。

佐々木の主張は皇室典範改正審議のときに述べたものと同じだが、「国民の意志に問うて」というところは、国民投票のようなものを念頭に置いているのかもしれない。応じた三淵は直接天皇退位を主張したわけではないが、これを海外のマスコミが「最高裁長官が天皇退位を主張した」と報道し、その記事が日本国内に逆流入したことで退位の噂が広まった。記事を読めば、退位論を主張しているのはむしろ佐々木なのだが、海外のマスコミ

天皇退位説強まる

【ロンドン廿七日発ロイター＝共同】東京來電によれば降伏記念日たる八月十五日を期して天皇の退位が行われるであろうとのうわさが東京で強まっている、この退位は東條英機元首相の処刑と時を同じくして行われるものと見られている

たゞしうわさは未だ確認されておらず現在のところ真偽を明かにすることもできない、しかし最近参議院副議長松本治一郎氏が天皇を批判して天皇制の廃止と共和国の樹立を主張して以來この天皇退位のうわさは相当信じられるようになった

×

外電筋は天皇退位説を傳えまた三淵最高裁判所長官が最近の司法当局者の会議で天皇の戦爭責任に言及したと報じているが、これに関し二十七日某宮内官および当の三淵長官はそれぞれ次の如く語った

天皇は日本再建に努力

△某宮内官　御退位なされるような話は宮廷内にはない、陛下としては日本再建のためにもっと積極的な気持でおいでになると仰せられている、陛下は戦爭防止ができず国民が災禍を受けたことを非常に遺憾に思っておられます、このことは斎藤YMCA総主事がニューヨークで発表した陛下の御言葉でも明かであるが、しかし陛下は国民を慰め激励して日本民族を起上らせるように努力しておられ、民主的な明るい日本の再建と新憲法に沿った皇室の在り方の確立に努力しておられるのが現在の陛下のお姿である

図４　宮内府筋の談話（『信濃毎日新聞』昭和23・５・29）

は最高裁長官の肩書に反応したのかもしれない。ちなみに三淵が退位論の火つけ役になったという認識は、当時侍従だった入江相政にもあったようで、翌年一月に初めて行われた最高裁判事の国民審査に際して、三淵忠彦に×印をつけている（『入江相政日記』昭二四・一・二三）。

宮中の反応

退位報道に対して宮内府は素早く反応した。『信濃毎日新聞』五月二九日付には、共同通信の記事として、次のような宮内府筋の談話が掲載された。

御退位なされるような話は宮廷内にはない。陛下としては日本再建のためにもっと積極的な気持ちでおいでになると仰せられている。陛下は戦争防止ができず国民が災禍を受けたことを非常に遺憾に思っておられます。……しかし陛下は国民を慰め激励して日本民族を起上らせるように努力しておられ、民主的な明るい日本の再建と新憲法に沿った皇室の在り方の確立に努力しておられるのが現在の陛下のお姿である。

これは早急な火消しを狙って、意図的に宮内府がリークしたと解釈するのが自然であろう。同時に、「退位を主張したわけではない」という三淵の釈明も報じられている。だが、敗戦以来くすぶっていた天皇の戦争責任問題が、これを機に再燃することとなった。しかも、天皇に道義的責任があるということを、非公式ながら宮内府も認めたわけである。以後、新聞各紙は社説や知識人の寄稿で退位問題を取り上げるようになった。

国民の意思

最も早い時期の社説を二つ紹介したい。『信濃毎日新聞』は連合国が依然として天皇制に厳しい目を向けていることを強調した上で、次のように述べた。

天皇自身にそういう御意志〔退位の意志〕があるかどうかわれ〳〵は詳《つまびら》かにはなしえない。しかし、究極的にその進退を決定するものは、やはり国民でなければならない。天皇の、国民ならびに国民統合の象徴としての地位は「主権の存する国民の総意に基く」ことは新憲法が第一条において規定しているところだからである。国民は天皇の退位について判断することを避けたり、意思を表示することに消極的であってはならない。国民がこれに触れまい、考えまいとするような態度をもつ限り、天皇は依然として神権的神秘的存在であり、新憲法は空文たることを続けるのである。(『信濃毎日新聞』昭二三・六・三)

『中国新聞』は退位の噂自体はあまり根拠がないとしながら、やはり国民の意思表示を呼びかけた。

われわれはこれらの問題〔天皇制の問題〕は国民の自由な意思によって解決されなくてはならないと思う。天皇が日本国民の象徴であり、日本国統合の象徴であるからには、単に国会とつながりをもつだけでなく、大きく広く国民と直接つながりをもつような態勢をつくるためにも国民投票に問うという形を制度化することが考えられてよい。何にしても天皇退位の問題が国内的には低調であっても、国際的に視聴をあつめ、かつ論議されている現状においては、国民もこの問題が日本の現在および将来にわたって重大であれば重大であるだけ、真剣に考え、そうしてあらゆる機会に活発に論議されることが望ましい。(『中国新聞』昭二三・六・四)

どちらの社説も、日本国憲法の条文を根拠として、天皇の進退を国民の意思にゆだねることを主張している。国民が天皇の問題を忌避するようでは、天皇の地位を「主権の存する国民の総意に基く」と定めた日本国憲法が内実を伴わないとも指摘する。第一条は第九条とセットで連合国に天皇制の存続を認めさせるための規定であり、ひいては昭和天皇の身柄の安全を確保するはずだったが、逆用される形となったのである。

留位嘆願署名運動

続いて南原繁の退位論を伝えた外電記事が新聞各紙によって報じられ、南原の元には賛否両論の手紙が全国から送られることになる。

退位の噂が報道されると、すぐさま留位嘆願署名運動が発生した。皇室記者の藤樫準二は「全国で数十万」集まったとしているが、署名の現物が確認できないので、実数は不明である。山口県山口市・同広瀬町・広島県呉市・愛媛県松山市・佐賀県の五件については、新聞記事で報じられているのを見つけることができた。地元紙の報道によると、広瀬町と呉市は一般人が始め、山口市では國学院教官桑原大治、松山市では愛媛師範学校教授杵築順が呼びかけた。

松山市の運動については、藤樫が嘆願書の文面を紹介している。その趣意は退位の風説について「国民の一部において、かかる言辞をなす者の存します事も敗戦後の痛手混迷より起こるところであろうかと存じます」と、国民多数の要望ではないことを述べ、「かならずかならず御留位いただきまして、この未曽有の難境に畏き事ながら、私ども国民の先頭にお立ちくださいます事を衷心より懇願仕るしだいであります」と留位を要望するものであった（藤樫準二『千代田城―宮廷記者四十年の記録―』）。佐賀県の場合は主導者がはっきりしないが、地方議員が発起人だったらしい。

また、署名運動の一環かもしれないが、GHQに留位要望の葉書が山口県から組織的に送られた節がある。その山口県で発行されていた『防長新聞』は、最も早く留位論を主張した。同紙は天皇が憲法上国政に関する責任を負わないことから、戦争責任を否定し、天皇制存続が日本国民の総意であると強調した。『信濃毎日新聞』や『中国新聞』とは逆に、日本国憲法制定で天皇制の問題は決着しているという論理である。

筋の立たない主張や混乱に便乗する言説に日本人が動揺しないことを、はっきり示すためにも、本県広瀬町橋本顕治郎君の御退位阻止嘆願運動（二十日本紙所報）は大いに意義があるといってよい。（『防長新聞』昭二三・六・二一）

このように留位嘆願運動を励ますのだが、留位であれ退位であれ、天皇の進退の論拠に国民の意思を据えるようになったのは、国民主権が早くも根づいたというべきであろうか。

芦田均の姿勢

退位の噂が報じられるようになった時期は、宮内府で長官と侍従長の更迭が行われた時期にあたる。当時の芦田均首相がＧＨＱの要請を受け、旧態依然と批判された松平慶民《まつだいらよしたみ》長官と大金益次郎《おおがねますじろう》侍従長を、それぞれ田島道治《たじまみちじ》大日本育英会会長と三谷隆信《みたにたかのぶ》学習院次長に替えたのである。この人事について昭和天皇は消極的というよりもむしろ反対だったが、旧憲法下の宮内省とは異なり、新憲法下の宮内府は独立性を失っていたので、芦田は天皇を押し切って人事を認めさせた。松尾尊兊が指摘するように、芦田が長官候補に推した南原繁、堀内謙介《ほりうちけんすけ》（元駐米大使）、田島道治は皆退位論者であった（松尾尊兊『国際国家への出発』）。芦田自身、退位問題を深刻に受けとめていたことが日記から窺える。

六月七日の Time と Newsweek が天皇退位の問題を書き立てている。それが更に難問だ。私には決心はできている。決心通りに行けば、私は閑雲野鶴《かんうんやかく》を侶とすることができる。（『芦田均日記』昭二三・六・一〇）

さらに七月八日に芦田は田島と退位問題について相談し「結局二人は最後の瞬間まで白紙で臨もうという事に申し合せた」という（『芦田均日記』昭二三・七・八）。松尾はこれらの状況証拠から芦田も退位論者であったと推測しているが、筆者もこの説に一票投じたい。

知識人の中で最も早い時期に退位論についての所見を明らかにしたのは、大山郁夫《おおやまいくお》と石田秀人であると思われる。大山は戦前に労働農民党委員長を務めた社会主義者で、戦時中はアメリカで亡命生活を送った。敗戦後に帰国して政治活動を再開し、参議院議員となっていた彼は、天皇制廃止論者であった。

大山郁夫の期待

天皇退位の要求は、天皇制廃止の要求の一歩手前にあるものであるが、両者は明らかに同じ方向を指しているものであり、しかも前者の貫徹は必ずしも後者の存在理由を解消する意味を持つものとかぎらない。そして両者とも、個人としての天皇に向けられるような種類のものでなく、制度としての天皇に向けられるような種類のものである限り、しかもその論究が日本の民主化過程の視角からの観察に基いているものである限り、それは公明なる大衆の自由討議の対象とされうる価値を持つものである。

（大山郁夫「戦争責任と天皇の退位」『中央公論』昭二三・七）

大山は天皇退位論が天皇制廃止論に発展することを期待しているが、むしろ両者は別個のものとして考えるべきであり、ここからは天皇制存続を前提とする退位論を取り上げることにする。

石田秀人の退位論

ジャーナリストとして活動しながら、長く尾崎行雄の秘書も務めていた石田の天皇退位論は、あまり知られていないと思われるので詳しく紹介したい。

なお始めに断っておきたいことは、天皇の御退位と、所謂「天皇廃止論」とは全然別問題だという事である。……実をいえば、天皇の御退位は、夙《つと》に敗戦の直後か又は少くとも新憲法の公布か、その実施の機会に於て実現すべき事柄であった。

石田は南原の退位論を引用しつつ、憲法上は天皇に責任がなくても、天皇自身は道義的責任を痛感しているはずだという主張に賛同する。開戦を決定したのは東条英機内閣であったが、国民は天皇の命令ということで、戦争に動員されるわが身を納得させたのである。

然るに今度の大戦争による被害というものは、ここに詳説するまでもなく、直接、間接に全日本国民に、前古未曽有の禍害を加えられたのみでなく、さらに全世界の人類に対して、多大の戦禍を及ぼしたものである。この蔽《おお》うべからざる大事件に対して日本国の総攬者であり、統治の大権を有せられた天皇が、何ら道義上の責任なしとするが如きは、到底何人も之を其のまま承認すること能わざる所であろう。

さらに石田は、「天皇親政」の名目で軍部が国政を壟断《ろうだん》したのは事実上の憲法停止であり、天皇がこれを制止しようとしなかったことが敗戦を招いたと批判する。

かくの如き理由のもとに天皇の退位は、心ある国民の間に於ては、既に理義一貫した常識となって居り、殊に曽て天皇に対して忠節を本分とした陸海軍の古老達（元将軍連）の間に於てすら、夙《つと》にそれが当然とされていると仄聞《そくぶん》している。

軍人の退位論は次章で取り上げるが、戦争責任を問われた軍人たちが、天皇の責任の取り方に関心を持つのは自然なことであろう。そして石田は、憲法改正により天皇の地位が根本的に変わったことで、退位の環境が整っていると主張する。

今や新憲法に於て、天皇は政治上一切の権力なき地位に立たれ、主権は人民のものとなった。……そして新憲法下の日本国民は、政治上の天皇はなくとも、立派に自主・自律・自治の国民として生きてゆくべき将来を約束されている。明治天皇は御幼弱十四歳にして御位を継承されたが、今の陛下が退位されたとて、もはや政治上の大権なき皇位は、既に御年十五歳に達せられた皇太子が其後を継がるるとも、国政上何らの支障なきことは改めていうまでもあるまい。

敗戦後に行われていた地方巡幸で天皇が歓迎されている光景についても、「多数の戦災者や戦傷者を始めとして、心ある国民にとっては、実に割り切れない感情がいだかれていることを知るべきである」と釘を刺し、敗戦により道義が退廃した日本を再建するためには、天皇が責任をとることが必要だとする。

今日国民の間には、澎湃《ほうはい》として怨嗟の声が満ちている。この怨嗟の気を雲散霧消させることが、即ち天皇の大義を発揚し、併せて国民の道義を振興させる根源でもあり、又立国の大本ともなるのである。この意味よりして天皇が自律的に、今次戦争に対する道徳的責任を明かにせらるるため、速かに何らかの決断に出でられんことを、道義顕揚の上から筆者は熱望してやまないものである。（石田秀人「天皇退位論」『時局』昭二三・七）

石田の退位論は戦争責任論から筆を起こしているが、新憲法により退位が可能な条件が整ったとしている点に注意したい。新憲法下で天皇にどのような役割を期待するのかによって、留位論・退位論の論理も幅を広げることになる。同じ役割を期待しながら、留位論を唱える者もいれば、その逆の論者も存在する。

宮沢俊義の観察

退位問題が今後の天皇制のあり方を大きく左右しかねないことにいち早く気づいていたのが、憲法学者の宮沢俊義《みやざわとしよし》である。宮沢は敗戦を契機に主権が天皇から国民に移ったとする八月革命説で新憲法の正統性を主張していたが、退位問題については傍観的な姿勢を取りつつも、次のように指摘する。

南原総長流の天皇退位論は、天皇制護持論である。……それは人間天皇論である。それはつまり、天皇を人間化することによって、天皇制の生命力を強化しようとするものである。ところで、ここに問題がある。天皇退位論者が、多くの場合において、主観的には、熱心な天皇制護持論者であることはまちがいないが、その主張する人間天皇論を徹底的に実行することが、はたして、客観的にみて、天皇制の生命力を強化することに役立つかどうか。天皇からあらゆる神的なものをとり去り、これを一〇〇パーセント人間化するということは、長い目で見たら、案外天皇から天皇の天皇たる所以《ゆえん》のものを奪うことになり、その結果は天皇制の墓穴を掘ることにならないかどうか。……天皇からすべての政治的な権力をうばいとってしまったら、天皇が天皇でなくなってしまいはしないか。（宮沢俊義「天皇退位論」『社会』昭二三・八）

天皇退位論は必ずしも天皇の非政治化を推進する側から提起されるとは限らないのだが、その後の「開かれた皇室」路線が、後年にマスコミやインターネットによる皇室のプライバシーの暴露およびバッシングを招来するのを、見通していたかのような論評である。

このように国民の間では退位論への関心が高まっていたが、新たな論点を提示したのは憲法再検討問題であった。

憲法再検討問題

FECの決定

マッカーサーが憲法制定を急がせたのは、天皇制存続の既成事実を作ってしまうためであった。これに対して、本来憲法改正の方針を決定する役割を担うはずであったFEC（極東委員会）は反発し、マッカーサーの独断専行に歯止めをかけようと、「新憲法施行後一年から二年の間に、日本国民とFECが憲法再検討を行う」という決定を下していた。つまり昭和二三年（一九四八）五月三日から同二四年（一九四九）五月三日までの一年間ということになる。乗り気ではなかったマッカーサーだが、芦田首相にその旨を伝え、八月に入って衆参両院に委員会を設けることになった。内閣で憲法再検討を担当することになったのは鈴木義男《すずきよしお》法務総裁である。鈴木は社会党右派に属する弁護士出身の代議士で、憲法改正審議でも党を代表して質問に立っていたから、うってつけの人選であった。その鈴木が天皇の退位問題を国民投票にかけると語ったという話が、七月に『中国新聞』で報じられた。情報元は広島県選出の社会党所属参議院議員だった山下義信《やましたぎしん》で、記者に対して次のように語った。

今国会におけるある秘密会議の席上、天皇退位説について参議院側からわたしが政府に質問したところ、鈴木法務総裁は〝天皇退位については国民一般の投票によるはずである。現在のように天皇退位をめぐってこれに賛成したり反対したりする国民の意見がいつまでも対立していることは好ましくない〟と答えた。その時期については政府は公式言明をさけたが、おそらく十一月ごろ行われるものと思われる。（『中国新聞』昭二三・七・一一）

鈴木義男の談話

このような記事では裏の取りようがないが、地方紙の小さい記事だったためか、この報道は全国的には広がらなかった。ただし、天皇の進退を国民投票にかけるという案そのものは、既に『中国新聞』自身が提起していたところである。鈴木の憲法再検討に関する談話が全国的に報じられたのは八月に入ってからだが、これは天皇退位論と直結することになった。鈴木は憲法再検討について次のように語った。

憲法改正問題については総司令部から指令があったので、すでに衆参両院議長にその旨を伝え、憲法改正委員の人選を委嘱してある。議会側ではまだ乗り気でないようだ。……天皇制の存廃を国民投票によるかどうかの問題については、私としては今のところ考えていない。天皇退位についても国民投票をするつもりはなく、ただ天皇ご自身の自発的な御意思で決定さるべきだと思う。それがために通常国会には憲法改正案と共に皇室典範を天皇が退位できるように改正提案するつもりでいる。（『読売新聞』昭二三・八・一三）

この談話に『読売新聞』は、「天皇の自発的な退位条項設く」という題をつけた。ちなみに読売争議は昭和二一年（一九四六）一〇月に組合側の敗北で決着しており、既に編集権は組合の手を離れている。

翌一四日、各紙が『読売新聞』に追随し政府の憲法再検討の動きを報じたが、鈴木は「天皇退位問題は現在考えられない」と、前日報道を訂正する談話を出した。同日、松岡《まつおか》駒吉《こまきち》衆議院議長も「天皇退位問題にからむ皇室典範改正問題については芦田首相ならびに鈴木法務総裁からは一言も聞いていない。私は天皇の退位問題には触れたくない。また院内にもそういう空気は全然ないと思っている」と否定的見解を述べた（『信濃毎日新聞』昭二三・八・一四)。憲法改正が皇室典範改正を伴うものと解釈されたという意味で、三年前に近衛談話が波紋を広げたときと同じ展開をなぞっている。三年前と異なるのは、日本国憲法が施行され、国民的議論が可能になっていた点である。鈴木の談話も「一定の手続がすめば天皇の御退位は可能」と解釈する向きがあった(『大阪日日新聞』昭二三・八・一五)。

『読売新聞』の世論調査

さらに『読売新聞』は天皇制についての大々的な世論調査を行った(表1・2)。この時期一般人を対象とした最も大規模な世論調査なので、詳しく見てみたい。

各層別の百分比		
あった方がよい	なくなった方がよい	わからない
90.3	4.0	5.7
88.7	3.1	8.2
92.3	3.3	4.4
93.7	4.3	2.0
86.9	6.4	6.7
88.3	9.6	2.1
90.1	2.9	7.0
90.1	2.9	7.0
91.3	5.6	3.1
90.8	6.6	2.6
90.8	6.6	2.6
89.9	4.9	5.2
92.7	2.0	5.3
87.9	2.9	9.2
89.2	3.0	7.8
93.2	5.0	1.8
88.9	9.6	1.5
96.4	1.6	2.0
92.5	4.8	2.7
97.4	0.9	1.7
96.6	1.7	1.7
10.9	89.1	0.0
95.8	4.2	0.0
82.9	2.5	14.6
91.7	6.5	1.8
89.9	3.3	6.8
89.0	6.9	4.1
90.5	3.6	5.9
90.0	5.4	4.6
90.4	3.4	6.2

表1　天皇制存廃について『読売新聞』世論調査

区分		総回答数	実数3080を百とする比 あった方がよい	なくなった方がよい	わからない
総数		3,080	90.3	4.0	5.7
職業別	農耕者，漁夫	1,156	33.3	1.1	3.1
	商工業者	724	21.7	0.8	1.0
	給料生活者	607	18.5	0.8	0.4
	産業労働者	329	9.3	0.7	0.7
	自由業者	94	2.7	0.3	0.1
	失業者	69	1.8	0.2	0.2
	その他	101	3.0	0.1	0.2
性別	男	1,825	54.1	3.3	1.8
	女	1,255	36.2	0.7	3.9
年齢別	20歳台	654	19.3	1.4	0.5
	30歳台	853	24.9	1.4	1.4
	40歳台	781	23.5	0.5	1.4
	50歳以上	792	22.6	0.7	2.4
学歴	小卒	2,020	58.5	2.0	5.1
	中卒	852	25.8	1.4	0.5
	高専卒以上	208	6.0	0.6	0.1
支持する政党別	民自党	987	30.9	0.5	0.6
	社会党	641	19.2	1.0	0.6
	民主党	418	13.2	0.1	0.3
	国協党	58	1.9	0.0	0.0
	共産党	55	0.2	1.6	なし
	その他の政党	24	0.8	0.0	なし
	なし・わからない	897	24.1	0.8	4.2
復員，引揚者		722	21.5	1.5	0.4
非復員，非引揚者		2,358	68.8	2.5	5.3
戦　災　者		435	12.6	1.0	0.6
非 戦 災 者		2,645	77.7	3.0	5.1
都　　　市		1,039	30.4	1.8	1.5
郡　　　部		2,041	59.9	2.2	4.2

注：数字は原資料に従った（以下，同じ）

	各層別の百分比			
わからない	在位	譲位	廃絶	わからない
9.1	68.5	18.4	4.0	9.1
4.5	70.3	14.4	3.1	12.2
1.9	65.9	22.9	3.3	7.9
0.6	71.0	21.6	4.3	3.1
1.1	65.3	17.6	6.4	10.7
0.1	64.9	23.4	9.6	2.1
0.4	63.8	11.6	7.2	17.4
0.5	68.3	15.8	3.0	12.9
2.9	67.4	22.2	5.6	4.8
6.2	69.5	13.7	1.7	15.1
1.0	72.2	16.4	6.6	4.8
2.4	66.9	19.6	4.9	8.6
2.1	69.8	20.0	2.0	8.5
3.6	65.9	17.5	2.9	13.7
8.0	68.1	16.8	3.0	12.1
1.0	70.8	20.7	5.0	3.5
0.1	63.5	25.4	9.6	1.2
1.1	74.1	20.7	1.6	3.6
1.1	68.2	21.5	4.8	5.5
0.7	79.2	15.8	0.9	4.1
0.2	65.5	22.4	1.7	10.4
0.0	3.6	5.5	89.0	1.9
0.0	79.3	12.5	4.1	4.1
6.0	61.5	15.6	2.5	20.4
0.8	71.2	19.7	6.5	3.6
8.3	68.0	18.0	3.3	10.7
0.7	66.0	22.3	6.7	5.0
8.4	68.9	17.8	3.5	9.8
4.0	61.8	21.5	4.9	11.8
5.1	71.9	16.9	3.6	7.6

表２　昭和天皇の進退について『読売新聞』世論調査

			実数3080を百とする比		
区分		総回答数	在位	譲位	廃絶
総数		3,080	68.5	18.4	4.0
職業別	農耕者，漁夫	1,156	26.4	5.4	1.2
	商工業者	724	15.5	5.3	0.8
	給料生活者	607	14.0	4.3	0.8
	産業労働者	329	7.0	1.9	0.7
	自由業者	94	2.0	0.7	0.3
	失業者	69	1.4	0.3	0.1
	その他	101	2.2	0.5	0.1
性別	男	1,825	40.2	12.9	3.3
	女	1,255	28.3	5.5	0.7
年齢別	20歳台	654	15.3	3.5	1.4
	30歳台	853	18.5	5.4	1.4
	40歳台	781	17.7	5.1	0.5
	50歳以上	792	17.0	4.4	0.7
学歴	小卒	2,020	44.6	11.0	2.0
	中卒	852	19.6	5.7	1.4
	高専卒以上	208	4.3	1.7	0.6
支持する政党別	民自党	987	23.7	6.7	0.5
	社会党	641	14.2	4.5	1.0
	民主党	418	10.7	2.1	0.1
	国協党	58	1.3	0.4	0.0
	共産党	55	0.1	0.1	1.6
	その他の政党	24	0.7	0.1	0.0
	なし・わからない	897	17.8	4.5	0.8
復員，引揚者		722	16.5	4.6	1.5
非復員，非引揚者		2,358	52.0	13.8	2.5
戦　災　者		435	9.3	3.1	1.0
非 戦 災 者		2,645	59.2	15.3	3.0
都　　　市		1,039	20.8	7.2	1.7
郡　　　部		2,041	47.7	11.7	2.3

まず第一問（表1）であるが、天皇制については九割が存続を支持している。職業別・性別・年齢別・学歴別でみると、自由業者と高専以上はやや廃止論者が多い。支持政党別では共産党支持者の約九割が天皇制に反対しているが、その他の政党支持者は九割が天皇制を支持している。復員・引揚者と戦災者は若干天皇制反対が多いが、それでも六％程度である。つまり国民の九割が天皇制存続を願っていたことは間違いない。

しかし、第二問（表2）になるとやや様相が変わる。廃絶すなわち天皇制廃止論者は全体の四％で第一問と変わらないが、在位支持は六八・五％に落ち、譲位支持が一八・四％ある。明らかに、天皇制支持者の中で退位を望む者が二割ほどを占めるのである。職業別では、農耕者・漁夫は在位支持と譲位支持の差が最も大きいので、現状維持を望んでいるといえるが、自由業者は差が狭まっている。性別では女性が、年齢別では二〇歳代が現状維持を望んでいるのに対して、男性あるいは三〇歳代以上は現状維持の希望者が減る傾向にある。学歴別では、高専以上で譲位支持が二五％を超えているのが目を引く。支持政党別では、保守政党支持者は在位支持が多く、革新政党になるほど在位支持が減る。同様の対比関係は郡部と都市の比較においても見られる。

『読売新聞』はこの調査について特に分析を行っていないが、天皇制存続支持が圧倒的であるのに対して、昭和天皇の留位については、二割ほどが異論を持っていたということがわかる。この二割の不満分子を多いと見るか少ないと見るか、意見の分かれるところであろうが、従来の国民の意識からすれば、無視しがたい数字ではないだろうか。

世論調査と関連があるかは不明だが、同日付の『読売新聞』に恒藤《つねとう》恭《きょう》大阪商大学長「天皇制存廃の問題」が掲載されている。恒藤は昭和二一年（一九四六）四月の総選挙当時、国民は憲法や天皇制の問題について十分知らされていなかったと指摘し、日本国憲法第一条にある「国民の総意」について疑問を呈した。その上で、「たとえば十年毎に……国民の総意の表示を求め、これにより天皇制の存廃を定期的に問題とする制度を樹立することとしたらどうであろうか」と提案した。

横田喜三郎の退位論

さらに八月下旬には、横田喜三郎《よこたきさぶろう》東大教授、金森徳次郎《かなもりとくじろう》国会図書館長、浅《あさ》井《い》清《きよし》論説委員が、相次いで天皇制について寄稿している。このうち金森と浅井は日本国憲法の象徴規定を支持する趣旨で、直接退位論には触れていないが、横田ははっきりと退位を主張した。横田は東京裁判で明らかにされた『木戸幸一日記』から、天皇は実質的にも戦争責任を免れないとして、天皇退位の意義を次のように論じた。

天皇の退位は、たんに過去の行為に対する責任ばかりではない。新しい日本の建設のためでもある。……新しい日本は民主主義と平和主義の国として再建されなくてはならない。まず、平和主義の点から見れば、……いままでの軍国的帝国主義の最高の代表者であった天皇の退位は、当然というよりもむしろ必然である。……つぎに、民主主義の点から見ても、……もっとも重要なことは、責任を重んじることである。……この過去の最高の責任者がその責任をとろうとせず、国民もまた責任をとらせようとせず、たがいにあいまいのうちに葬り去るならば、どうして真の民主国家が建設されようか。（『読売新聞』昭二三・八・二六）

憲法が変わり、天皇の権能が大幅に削減されても、それだけで民主主義が実現するわけではない。主権者である国民が自覚を持たず、無責任な行動をとるのであれば、民主主義は機能しない。そして国民の意識を変革し、主権者としての責任感を自覚するよう促すためにも、天皇の退位が必要だというのである。単に責任を取らせるというだけではなく、日本の将来にとって昭和天皇の存在がマイナスであるという論理が出てくるに至った。

表３　昭和天皇退位の賛否　輿論調査研究所調査

調査対象層	配布比率	回答率	退位賛成	退位反対	不明
政治,法律,社会	30.4	36.2	50.9	42.9	6.4
教育,宗教,哲学	25.7	41.2	49.0	44.4	6.6
衆議院議員	11.2	14.3	6.2	87.5	6.3
参議院議員	7.3	19.2	21.4	78.6	—
経済界人	18.1	22.7	14.6	80.5	4.9
平均	—	30.9	41.1	53	5.9

注：数字は原資料に従った

輿論調査研究所の調査

九月上旬には、輿論調査研究所が政財界指導者や知識人を対象とした調査結果を公表している（表３）。配布枚数がばらばらで、回答率も高くないので、数値データにそれほど意味があるとは思えないが、政財界は退位反対が圧倒的で、知識人においては賛否両論ということはいえるだろう。この調査では回答内容の分析も行っている。筆者が整理してみると、退位反対の論拠には次のようにまとめられる。

（１）天皇に戦争責任なし
（２）象徴となったのだから退位の必要はない
（３）国民感情が退位を望まない
（４）退位は社会不安をもたらす

退位反対の論拠

大日本帝国憲法の規定上、天皇に戦争責任がないというのは目新しい論理ではないが、（２）について説明しておく。日本国憲法第三条では、

「天皇は国政に関する権能を有しない」と規定した。政治に関与できない以上、退位したも同然という論理である。憲法学者の鵜沢総明《うざわふさあき》明治大教授や神道学者の小野祖教《おのもとのり》などがこの論者だった。ただし、本当に日本国憲法では天皇が国政に関与する余地がないのかという問題があるし、昭和天皇が留位しなければならない積極的理由までは説明できない。とはいえ、留位論にも日本国憲法の論理が入ってきたわけである。

国民感情は、『読売新聞』の世論調査を見れば一目瞭然である。これは留位論者の強みでもあった。これまでにも出てきた金森徳次郎や作家の下村湖人《しもむらこじん》などが、国民感情を理由に退位に反対している。

退位が社会不安をもたらすという意見は政財界に多く見られた。政財界が圧倒的に退位反対であったことを見ると、彼らは何よりも社会の混乱を恐れたといえる。

新しい要素としては、退位する必要がないという消極的理由ではなく、果たすべき役割があるから留位すべきという積極的な主張もあった。

新日本の平和的再建を完了せしむべき道徳的御責任あり。（安積得也《あずみとくや》元岡山県知事）

天皇は在位して、その立場から日本の民主的、文化的復興に努められることが望ましい。（岡部弥太郎《おかべやたろう》東大教授）（『世論調査レポート』二一号）

続いて退位賛成論であるが、これも反対論の裏返しで、まず多いのは天皇に戦争責任ありとする論理であった。法律論よりも、道義的責任を問う声が多いのは従来通りであるが、中でも辛辣なものを紹介する。

法律的な理屈からは何とでも文句がつくでしょうが、人間には人間としての生活意識が必要であり、万十万《ママ》という人々を死傷させたことだけからいってもジッとしていられるものではない。（浜田常二良《はまだつねじろう》朝日新聞社研究室長）

天皇の絶対命令で強制的に引き出された無名の兵が沢山死んでいる。彼らの中にはすでに戦犯人として刑死した人さえある。天皇がそのまま無事でいることは国民の納得しない所だ。（山崎謙《やまざきけん》育成社書店顧問）

退位賛成の論拠

退位に積極的意味を見出す意見としては、「少しでも支配層にショックを与え、民主化をそれだけ促進する契機になるから」と回答した丸山眞男《まるやままさお》がいた。前述の横田喜三郎と同様の論理である。また、近衛のブレーンの一人であった政治学者の矢部貞治《やべていじ》は「天皇制を純正ならしめるために必要、退位なくば後世史家が歴史の書きように苦しむべし」と回答しており、本書を執筆している後世史家としては苦笑するほかない。

退位の時期としては三つの意見が出た。いずれも示唆的である。

戦争責任者として第一級の判決があった時。（評論家坂西志保《さかにししほ》）
時期は講和会議終了後が望ましい。（坂本幸男東洋大教授）
皇太子がお若いから、もう十年くらいしたら御譲位になり、逞《たくま》しい再建日本の姿を象徴したいと思います。（矢島一三《やじまいちぞう》元日本出版協同社長）（『世論調査レポート』二一号）

まさにこの三つの時期が退位論の提起された時期と重なるわけだが、

敗戦以来の議論

ここで議論を整理しておきたい。天皇退位論は天皇に戦争責任ありとする立場から、退位によって責任を取ることを求める人々によって提起された。それに対して、天皇に戦争責任はないのだから退位の必要なしというのが、政府の公式見解であった。日本国憲法が制定されると、天皇の地位が主権を有する国民の総意に基づくと規定されたことから、天皇制の存廃ならびに天皇の進退は国民が決定しうるという考え方が広がり、天皇制についての議論が活発に行われるようになった。そして東京裁判の判決が近づくにつれ、退位問題が国民の課題として意識されるに至ったのである。さらに憲法再検討問題と重なったことにより、退位問題にも憲法の観点が入り込んだ。「象徴」になったのだから退位は必要ないとする視角と、昭和天皇は「象徴」にふさわしくないから退位すべきという視角が新たに登場した。日本国憲法下で天皇にどのような役割を期待するのかを

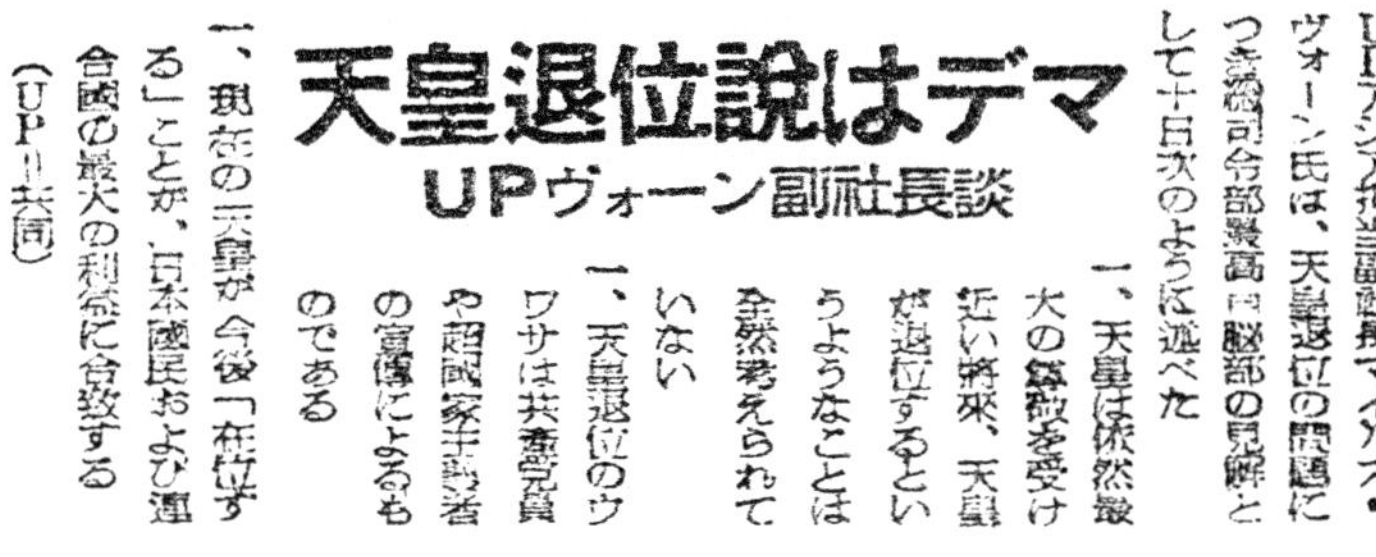

天皇退位説はデマ
UPヴォーン副社長談

UPアジア担当副社長マイルズ・ヴォーン氏は、天皇退位の問題につき総司令部最高首脳部の見解として十日次のように述べた

一、天皇は依然最大の尊敬を受け近い将来、天皇が退位するというようなことは全然考えられていない

一、天皇退位のウワサは共産党員や超国家主義者の宣伝によるものである

一、現在の天皇が今後「在位する」ことが、日本国民および連合国の最大の利益に合致する

（UP＝共同）

図５　退位説デマ報道（『朝日新聞』昭和23・９・11）

考えることで、留位ないし退位を要望する根拠が補強されることになるのである。

ＧＨＱの見解

さて、筆者が一連の議論を掘り起こす上で手掛かりとしたのは、ＧＨＱが収集した退位問題に関する新聞雑誌記事の記録である。つまり、ＧＨＱは退位問題に強い関心を持って情報収集にあたっていたのだが、そのＧＨＱが九月に入って間接的に態度表明を行った。

九月一一日付の新聞各紙は、天皇退位説はデマとする共同通信の記事を掲載した。

ＵＰアジア担当副社長マイルズ・ヴォーン氏は、天皇退位の問題につき総司令部最高首脳部の見解として十日次のように述べた。

一、天皇は依然最大の尊敬を受け、近い将来、天皇が退位するというようなことは全然考えられていない。

一、天皇退位のウワサは共産党員や超国家主義者の宣伝によるものである。
一、現在の天皇が今後「在位する」ことが、日本国民および連合国の最大の利益に合致する。

これは意図的なリークと見て間違いないだろうが、アメリカ本国の占領方針に従うなら、日本国民が自発的に天皇退位を求めた場合に、ＧＨＱは傍観すべきであった。それをわざわざ「留位支持」を表明したのは、マッカーサーの意向であっただろう。イギリス代表団長ガスコイン（A. Gascoigne）は六月一一日の時点で、マッカーサーが退位を望まない意向であることを確認している（前掲拙稿）。

ＧＨＱの態度表明が影を落としたのか、退位論はいったん沈静化する。しかし、東京裁判判決を機に、またしても再燃することになる。

判決のとき

憲法再検討を機に退位論が活性化する中、最大の当事者である昭和天皇は、八月二四日に『メルボルン・サン』主筆ウォータースと会見しているが、退位問題について質問され、「デリケートだから意見を述べたくない」と回答を避けた（『朝日新聞』昭二三・八・二七）。

高松宮への不信

同月二九日、芦田首相と田島道治《たじまみちじ》宮内府長官が退位問題について話し合った。田島は長官就任後三ヵ月を経て、留位して責任を尽くすという昭和天皇の考え方に理解を示すようになり、また周囲の情勢も退位を許さないと考えるようになった。田島がいう情勢とは、「退位が天皇制の維持に役立つどころか、天皇制を動揺させるかもしれない」「皇太子が若年であり、摂政の適任者がいない」「マッカーサーが許すかどうかわからない」ということであった。

ここで説明が必要になるのは摂政の問題であろう。昭和八年（一九三三）生まれの明仁皇太子は未成年であり、仮に即位しても国事行為を果たせない。そこで摂政が必要になるわけだが、昭和天皇の弟三人のうち、年長の秩父宮《ちちぶのみや》雍仁《やすひと》親王は結核で療養中だったので、高松宮が摂政候補となる。ところが、高松宮は大戦末期の終戦工作に携わる中で昭和天皇と側近の不興を買い、その後長く両者の関係は改善しなかった（吉田前掲書）。そして戦後も情報収集のために右翼活動家との接触を持ったことから、GHQは高松宮に不信感を抱いていた（前掲拙稿）。前述のように高松宮は退位論者であったが、皮肉なことに彼の存在が退位の実現を妨げる方向に作用したのである。

田島道治の要請

芦田と田島の協議に話を戻すと、田島は退位問題について芦田がマッカーサーよりも先に天皇と話し合うことを求め、次のように要請した。

（イ）退位を極るにしても御留任を願うにしても、この問題は四大政党の一致の態度で行って貰いたい。

（ロ）新聞雑誌は当分御退位問題を取り扱うだろうが、横田教授の如き論のためにGH

Qが直ちに日本の輿論と考えることのないよう、充分説明して貰いたい。

（ハ）総選挙が行われても退位、留位の問題をキャンペーンに利用しないよう協定して貰いたい。（『芦田均日記』昭二三・八・二九）

芦田は「全体として賛成であるから実現する」と約束した。田島が条件に挙げた四大政党とは、連立与党である社会党・民主党・協同民主党に野党第一党の民主自由党を指すと見てよいだろう。田島は退位問題が政争の具にされることを恐れたのである。横田の論とは、前に紹介した『読売新聞』に掲載された横田喜三郎の論説を指すとみて間違いあるまい。国民が挙《こぞ》って天皇の戦争責任を追及していると思われると、天皇制そのものを動揺させかねないと懸念したのではないだろうか。

退位回避　しかし、四大政党の一致というのはかなり高いハードルである。留位以外でまとめるのは不可能に近いだろう。事実上、芦田も退位はないと判断したと思われる。九月二七日の日記には次のように記している。

田島宮内府長官が三時半に来訪。Abdication〔退位〕をしない件について色々打合わせた。これはMacArthur〔マッカーサー〕と近く話す予定にしているので、その対応振を協議したのである。この点は差当り最も重要な問題である。両者は完全に意見が一

致した。（『芦田均日記』昭二三・九・二七）

この間には前述のＧＨＱの見解を伝える報道があったので、最終的に決め手となったのは、やはりマッカーサーの意向であっただろう。この後、昭和電工事件がもとで芦田は一〇月六日に退陣し、民主自由党の吉田茂が第二次内閣を発足させた。吉田は退位に反対というより、天皇の戦争責任問題をとりあげることに拒絶反応を示していた。前述の幣原内閣で外務省政務局長を務めていた田尻愛義《たじりあきよし》が、重光葵《しげみつまもる》の後任の外務大臣となった吉田茂に退位の話をしたところ、「君の言うことは共産党と同じだ」とはねつけられ、「不忠者」と決めつけられたくらいである（田尻前掲書）。第二次吉田内閣の成立により、日本政府が退位の実現に向けて行動する可能性はなくなった。

昭和天皇の留位表明

そして一一月一二日、昭和天皇は田島を通じて、マッカーサーに次のようなメッセージを送った。どうやらこれ以前にマッカーサーから留位の要望が伝えられ、それに対して返答したものと思われる。

閣下が過日、吉田首相を通じて私に寄せられたご懇篤かつご厚情あふれるメッセージに厚く感謝します。わが国民の福祉と安寧を図り、世界平和のために尽くすことは、私の終生の願いとするところであります。いまや私は一層の決意をもって、万難を排し、日本の国家再建を速やかならしめるために、国民と力を合わせ、最善を尽くす所存であります。（前掲『資料日本占領 一』）

マッカーサーが吉田を通じて留位を働きかけたことについては、侍従だった徳川義寛《とくがわよしひろ》も証言している（徳川義寛『侍従長の遺言』）。もしもマッカーサーが傍観者的態度を取っていたら、どうなっていただろうか。いずれにせよ、このやりとりは水面下のものであり、当時の国民が知るところではなかった。

判決下る

天皇のメッセージが伝えられた一一月一二日に国民の耳目を集めたニュースは、東京裁判の判決であった。A級戦犯全員が有罪となり、東条英機元首相を始めとする七人が死刑判決を受けた。最も軽い量刑は重光葵元外相に下された禁固七年であり、木戸幸一元内大臣は終身刑を言い渡された。判決を受けた木戸は、「総ての戦は終ったという様な気持」と日記に記しているが（『木戸幸一日記』昭二三・一一・一二）、天皇の無罪を実証するために自己弁護に徹した木戸が、有罪とされたのである。天皇も実質的に有罪とされたに等しいといっては言い過ぎかもしれないが、少なくとも木戸に対する判決が、天皇に責任なしとする論者にとって不利であったことは間違いない。

しかも、ウェッブ裁判長（W. F. Webb）とキーナン首席検事（J. B. Keenan）は、「天皇不起訴は政治的理由に基づく」とのコメントを相次いで出した（『朝日新聞』昭二三・一一・一三、二二）。東京裁判における不起訴が昭和天皇の戦争責任を否定するものではないと、判事・検事双方のトップが明言したことになる。さらに判決にはウェッブを含む四人の判事が少数意見書を出したが、ウェッブとベルナール判事（H. Bernard）は意見書においても、天皇不起訴が不当であると述べた。東京裁判がこのような結末を迎える中で、天皇退位論が最後の盛り上がりを見せるのである。

改めて天皇の戦争責任を問う

判決を受けて、新聞各紙は東京裁判を総括する社説を相次いで掲載したが、天皇の戦争責任に触れるものが現れた。

『千葉新聞』は「天皇退位の問題」と題する社説で、正面から退位問題を論じた。社説は、東京裁判開廷から内外で天皇の戦争責任が論議され、いまやA級戦犯の判決が出たことにより、再び天皇の戦争責任問題が注目を集めること、具体的には天皇の退位問題として取り扱われるであろうと予想する。そして、「われわれ日本人自身として何とかこの問題に対する態度に一つの方向をさだめおくことは、今後の国家再建途上に裨益《ひえき》するところが大きい」と、国民が退位問題に向き合うことを促す。それも感情的にならず、戦争責任問題の根本を考察することを呼びかける。

天皇の戦争責任について同紙は、法律的責任と道義的責任に分類し、前者は否定しつつも後者は免れないとする。これは従来繰り返されてきた議論である。ただ、同紙は必ずしも退位によって道義的責任が消滅するとはいいきれないと述べる。

退位よりも在位することの方が精神的肉体的に辛くとも、在位することによって国家国民のために益することがありとすれば、あえて在位をつづけてその責任をはたすという気持が天皇自身に抱かれているかもしれない。……この際われわれは天皇の責任の問題については人間天皇の自由の意志にまつことにすべきであろう。(『千葉新聞』昭二三・一一・一六)

『千葉新聞』の結論は、「留位することで責任を果たす」という天皇の論理を受け入れる余地を認めるものではあったが、国民的議論を要求しており、うやむやに済ませることは望んでいなかった。

天皇制は暴力革命の防波堤か

『夕刊三重』も「天皇の戦争責任」と題する社説で、天皇の戦争責任問題が未解決であり、国民が結論を出すことを訴える。同紙で注目すべきは、「天皇制を以て暴力革命に対する最も効果的な防波堤たらしめようとする考え方」を批判している点である。このような考え方は先の『輿論調査レポート』が示したように、政財界で多く見られたが、同紙は「このような考え方のなかに低迷している限り、日本人の民主主義的成長はありえない」と一刀両断する。留位論・退位論ともに天皇制存続を前提とする限り、論者が天皇制に何を期待するかが問われる。天皇制に秩序維持の役割を期待する声は多かったのだが、そのような発想自体が民主主義に反するというのである。

天皇制を以て暴力革命の防波堤としようとする考え方は単に功利的であるばかりでなく、日本人を再びファシズムの支配下に置きかねまじき危険をさえ予想させるものであり、それ故にわれわれはこれに賛ずるわけにはゆかない。

では天皇制存続の意味は何か。同紙は天皇制肯定論の根拠について、「日本人を永く支配してきた天皇への過度の尊敬感情の惰性である」と述べる。さらにウェッブ裁判長の少数意見書を引き合いに出して、次のように結論づける。

このウェッブ裁判長の言を深く味うとき、われわれは天皇の戦争責任、退位の問題、天皇制廃止の論議について感情にとらわれず、功利に走らず、極めて合理的な結論を日本人としての立場において把みとることができるのではないだろうか。(『夕刊三重』昭二三・一一・一七)

この論理は高野岩三郎《たかのいわさぶろう》の天皇制廃止論に通じるように思われる。合理的結論とは天皇制廃止を意味しているのではないだろうか。

天皇の御心境

一一月二四日、『読売新聞』他各紙に「天皇の御心境」と題する記事が掲載された。『週刊朝日』の座談会が出た直後に宮内府高官の談話が報じられたのと同様に、天皇の心境について関係者の話として説明したものである。内容としては新しいものではなく、天皇が留位を決意していることを述べており、それは「むしろ留位して積極的に平和国家建設の責務を達成したいという心境に達せられた模様」だと

天皇の御心境
進んで留位・國家再建へ
〝退いて責免れず〟と御決意

図6　天皇の御心境（『読売新聞』昭和23・11・24）

いう五月の談話の繰り返しであった。

この時期にリークがされたのは、国民向けの留位表明とみてよいだろう。しかし、新聞各紙が求めたような国民的結論には程遠い。留位が責任を果たす道だという信念があるのであれば、正面から国民に訴えてもよさそうなものである。実際、そのような動きが昭和天皇と側近の間でもあったらしい。芦田は後に田島から、A級戦犯死刑囚の処刑執行前に天皇の声明を出すという話があったことを聞かされている。

二時半頃田島道治君が見舞に来られた。その時に二人で思出話をしたが、就中《なかんずく》田島君の就任当時に心配した退位の問題が事なく解消したことを二人で祝った。軍事裁判が執行された去年十二月二十三日、私は小菅にいて弁護士からニュースを聞いて、先づ頭に浮んだことは退位問題の起る形勢はないかということであった。田島君の話によると刑の執行期日前に宮内府の首脳は必要とあればステートメントを発表する為め七人が別々に起案したのだそうだが、さて持ちよって読んでみると、ドレも安全なものはない。外国によいものは内地に向かず、内地で好いと思うものは外国に差支えるというので困った。然し結局出さないで了《しま》った。その事情は宮内府長官からお上へ奏上したが、其時にお上は「出さないで困るのは私だ」と仰せられた。田島君はこのお言葉を解釈して、お上はその機会にお気持をはっきり公表したいとお考えになっていらしったものだと言った。(『芦田均日記』昭二四・五・八)

幻の「謝罪詔勅草稿」

このとき田島が用意していたと思われる「謝罪詔勅草稿」が、平成一五年(二〇〇三)に加藤恭子によって発見された(加藤恭子『昭和天皇「謝罪詔勅草稿」の発見』)。同書によると、草稿は次のとおりである。

朕、即位以来茲《ここ》二二十有余年、夙夜《しゅくや》〔朝早くから夜遅くまで〕祖宗〔歴代の天皇〕ト万姓〔人民〕トニ背カンコトヲ恐レ、自ラ之レ勉メタレドモ、勢ノ赴ク所能ク支フルナク、先ニ善隣ノ誼《よしみ》ヲ失ヒ延テ事ヲ列強ト構ヘ遂ニ悲痛ナル敗戦ニ終リ、惨苛今日ノ甚シキニ至ル。屍ヲ戦場ニ暴シ、命ヲ職域ニ致シタルモノ算ナク、思フテ其人及其遺族ニ及ブ時寔《まこと》ニ忡怛《ちゅうだつ》ノ情〔心の痛み〕禁ズル能ハズ。戦傷ヲ負ヒ戦災ヲ被リ或ハ身ヲ異域ニ留メラレ、産ヲ外地ニ失ヒタルモノ亦数フベカラズ、剰《あまつさ》ヘ一般産業ノ不振、諸価ノ昂騰、衣食住ノ窮迫等ニヨル億兆塗炭ノ困苦ハ誠ニ国家未曽有ノ災殃《さいおう》トイフベク、静ニ之ヲ念フ時憂心灼クガ如シ。朕ノ不徳ナル、深ク天下ニ愧ヅ。身九重《きゅうちょう》〔宮殿〕ニ在ルモ自ラ安カラズ、心ヲ万姓ノ上ニ置キ負荷ノ重キニ惑フ。
然リト雖モ方今、希有ノ世変ニ際会シ天下猶騒然タリ　身ヲ正シウシ己レヲ潔クスルニ急ニシテ国家百年ノ憂ヲ忘レ一日ノ安キヲ偸《ぬす》ムガ如キハ真ニ躬ヲ責ムル所以《ゆえん》ニアラズ。之ヲ内外各般ノ情勢ニ稽《かんが》へ〔考慮して〕敢テ挺身時艱《じかん》〔当面の困難〕ニ当リ、徳ヲ修メテ禍ヲ嫁シ、善ヲ行ツテ殃《わざわい》ヲ攘《はら》ヒ、誓ツテ国運ノ再建、国民ノ康福ニ寄与シ以テ祖宗及万姓ニ謝セントス。全国民亦朕ノ意ヲ諒トシ中外ノ形勢ヲ察シ同心協力各其天職ヲ尽シ以テ非常ノ時局ヲ克服シ国威ヲ恢弘《かいこう》〔広げて大きくする〕センコトヲ庶幾《こいねが》フ。

（〔　〕内は筆者による、ルビは加藤前掲書より一部転記）

内容を要約すると、大きく二部に分かれる。前段は、即位以来の努力が実を結ばず、諸外国との友好関係が壊れて敗戦の憂き目を見たことを戦死者と遺族に対して悔いるとともに、衣食住に困窮している国民に対して自らの不徳を恥じるという内容である。後段は、情勢が混乱している現状において、退位して身軽になることは責任を取る道とは思われないので、あえて留位して国家の再建に尽くすことで、祖先と国民に対する謝罪としたいというものである。

草稿の文面は明らかに国内向けである。ここで述べられているのは、日本国民が受けた惨禍への謝罪であって、諸外国に対しては何も言及していない。「内地で好いと思うものは外国に差支える」というのもうなずける。かといって、対外的謝罪を前面に出した場合はどうなるであろうか。後段の「あえて留位して国家の再建に尽くすことで、祖先と国民に対する謝罪としたい」という結論につなげることが難しくなるのではないかと思う。諸外国にしてみれば、日本が二度と自分たちに戦争をしかけない、もしくは戦争をしかける能力がない国家になることが肝心であり、日本が再建されるかどうかは二の次である。むしろ後者を目指すのであれば、再建されない方がいいくらいであろう。戦後初期にアメリカのポーレー特使（E. W. Pauley）が策定した賠償案はまさにそのような考え方に立っており、日本の生活水準を東南アジア諸国より高くならないように設定する内容であった。

責任を取るための留位

留位が対外的にも戦争責任を取ることになるという論理を構築するのは至難の業であったと思われるが、そのような主張が全くなかったわけではない。九月中旬に、『北日本新聞』が「天皇退位問題」と題する社説で、次のように述べている。

ポツダム宣言受諾の最高責任者としての天皇の責任はまだ終ったわけでは決してない。国民もまた天皇とともに降伏条件の完遂を期しているのである。……少なくともポツダム宣言の完全履行に先立って天皇退位を決定づける理由はあるまい。天皇御自身にしても退位したくとも退位出来ないというのが今の立場ではなかろうか。（『北日本新

聞』昭二三・九・一四）

ポツダム宣言が要求する軍国主義の除去と民主化を達成する責任があるから、現時点では退位すべきでないという論理である。ある意味マッカーサーの論理でもあったが、この主張の難点は、軍国主義の除去と民主化の達成になぜ昭和天皇の存在が必要なのか説明しなければならないことと、課題達成のあかつきには留位する理由がなくなってしまうところにある。

理性と感情

こうしてみると、留位という選択はあくまでも日本国内でのみ成立する論理であったといえるが、世論調査でも明らかなように、国民の大多数が退位を望まなかったという事実は決して軽くないだろう。そのことを象徴するエピソードを紹介したい。一二月に富山県のある中学校で自治会がクラス対抗のディベートを行い、優勝戦で「天皇は退位すべきか」という論題を取り上げた。

とくに優勝戦に移された『天皇は退位すべきか』の討論は全生徒の注目をあび、〝天皇は退位すべきではない〟との組には一言一句の発言に万場破れるが如き拍手と〝そうだそうだ〟の賛同をあびているに対し、〝天皇は退位すべきだ〟との主張組は乱れとぶヤジと憎悪の真只中にあって孤軍奮闘、

〝天皇は国家の象徴であり、こんどの敗戦責任も天皇にあらずして軍閥にあり〟として退位否認論を主張したにたいし、

〝天皇は国家の最高責任者であり、道義的責任は免れないから退位すべきだ〟として道義責任で一シュウすれば、

〝われわれは北陸路に天皇を迎えたとき〔昭和二二年一〇月〜一一月の北陸行幸〕全県民が泣いて迎えたではないか〟と否認組が国民感情をブチまけば、

〝それは封建的な人のみ泣いたので、われわれは感情にとらわれてはいけない〟と退位をあくまで要求、このとき緊張した傍聴席からいまにも泣かんばかりの男生徒がたまりかねてか、

〝オレも泣いた一人だ〟と悲痛な叫びをあげて退位組に詰めより、息詰る場内はいよいよサエる。採点で審査員から〝天皇は近き将来において退位すべきだ〟との主張組に優勝が宣せられるや、傍聴席から審査員に殺到、〝ナゼ退位組を優勝にしたか〟と詰問する光景がアチコチに展開されていた。（『北日本新聞』昭二三・一二・二三）

論理的な退位論と感情的な留位論のコントラストがよく表れていると思う。この記事が掲載された一二月二三日は明仁皇太子の誕生日であり、同時に東条英機らA級戦犯七人の処刑が執行された日でもある。そのまま退位論は下火になり、雲散霧消してしまった。そのことに対する憤懣を露わにした一文を紹介したい。著者の白石重は、戦前に『読売新聞』や『国民新聞』に勤務した元ジャーナリストである。

白石重の憤懣

東京裁判の終結を機会として、天皇の進退が内外の問題となっている。大体この問題は既に解決しているのが正当と考えられるが、当の天皇並に国会は何等の意思表示をしていないし、このまま有耶無耶《うやむや》の裡に葬り去られるものであろうか。日本は新憲法の実施に当っても天皇の存在を認められた。天皇の存否が民主主義と格別衝突を惹起するものではないから、私共日本国民としては、新憲法の精神を結構なものだと思う。然しながら、それだからと云って、天皇が平然として現地位に執着しているようなことは、果して許さるべきであろうか。……〔天皇が〕速やかにその地位を去って祖宗の霊前に平伏し、国民に陳謝して、その不徳と不明を詫びることは天皇の採るべき当然の道でなければならない。……天皇が依然として大道を踏むことを認得して進退を決せざる時、日本の惨禍は再び捲き起こされるであろうことを憂慮する。（白石重

「天皇退位論について」『時局』昭二四・一）

感情論はさておき、留位論に対しては一つの疑問が生じる。「留位して日本の再建に尽くすことで責任を果たす」という論理が昭和天皇の選択を理由づけたわけであるが、いったい日本国憲法において天皇にどのような能動的役割が可能なのであろうか。それは未成年の皇太子や摂政の高松宮では果たせないような性質のものだったのか。次章ではこの問題を考えてみたい。

再軍備の章

日本国憲法下の天皇の役割

退位できない理由

東京裁判判決時の退位問題に対して、昭和天皇は留位を選択した。それは国民世論多数の希望ではあったが、天皇制支持者の中に存在する不満分子を解消できなかったということでもある。国民の中にしこりを残したことは間違いない。敗戦直後の時点では退位に反対した木戸幸一も、天皇が戦争責任を取らないことで国民の天皇制に対する支持が揺らぐのを懸念したので、将来的には退位が必要と考えていた（『木戸幸一尋問調書』初版）。

昭和天皇が留位したことについて、「このとき退位していたら社会不安に陥っていただろう」という見方がある。つまり留位を肯定する論理だが、筆者はこれに違和感を覚える。

「天皇制を廃止していたら社会不安に陥っていただろう」というのならまだわかる。君主制から共和制への移行に際して、混乱が生じた事例は枚挙にいとまがないからである（もちろん、その混乱を乗り越えることが不可能だったとは断言できない）。だが、皇太子が即位した場合でも、日本社会の混乱は免れなかったと言い切れるだろうか。『読売新聞』の世論調査に表れた留位を望む六八・五％の人々は、皇太子が即位した場合に天皇制廃止論に転向しただろうか。そのようなことはまずあるまい。むしろ天皇制支持者内部の不満分子を解消して、支持基盤を固めることができたのではないだろうか。

戦争責任論が後を絶たない以上、留位論者もそのような不満分子の存在は意識したはずである。それでも留位を求めた背景には、単に社会不安を恐れたというだけではなく、天皇が替わっては困る理由、すなわち昭和天皇に果たしてもらわなければならない能動的役割があったと考える方が、辻褄《つじつま》が合うと筆者は考える。天皇が単なる儀礼的存在なら、戦争責任を負わない皇太子の方がふさわしいという主張に、より説得力があるだろう。

前章では時系列に沿って、退位論を見てきた。しかし、ここで一度時間をさかのぼり、新憲法施行後、昭和天皇がどのような政治的役割を果たしてきたか、政治指導者の間で天皇にどのような役割が期待されていたのかを検証してみたい。

行幸

まず国民の目に触れやすいところから見ていくと、行幸や各種施設の視察などがあげられよう。行幸とは天皇の外出を指す言葉で、目的地が二ヵ所以上だと巡幸となる。皇太后・皇后・皇太子の場合は区別して行啓と呼ぶ。今日でも、筆者が学生に「天皇の役割として思いつくものは何ですか」と質問した際に、真っ先に返ってくる答えは、「外国やあちこちの施設を訪問すること」というものである。厳密にいうと、外遊も視察も日本国憲法第七条で定められた国事行為ではない。憲法上は天皇の公的行為と説明されている。だが、社会的役割という観点からすると、確かに最も大きな比重を占めているのかもしれない。日本の外交関係が停止している状況では外遊などありえなかったが（それ以前に天皇の外遊自体が戦前には皆無だった）、占領期に行われた地方巡幸は、国民に対して天皇の存在を意識づける最大のイベントであった。目的地選定にあたっては、各地からの招致活動が熱心に行われたし、行く先々で天皇は熱烈な歓迎を受けた。戦禍からの復興へ向けて、天皇が国民を励ます意義は大きいと評価されていた。

しかしながら、行幸自体は昭和天皇でなければできないということはない。明仁皇太子が新天皇として即位した場合でも、継続することに支障はなかったはずである。昭和天皇に比べて迎える側に与える心理的影響が小さくなることは否定できないが、行幸自体が成り立たないということはないだろう。むしろ、昭和天皇の場合、マイナスのリアクションもあったことは見過ごせない。昭和二一年（一九四六）の時点で、極東委員会のソ連代表が、行幸を保守政党の選挙運動を有利に進めるための政治的行為であると批難していた。また、退位論者が指摘したように、昭和天皇を歓迎しない不満分子がいたことも確かである。そして、退位問題が国民的議論となっていた昭和二三年（一九四八）は、GHQの圧力により地方行幸が中断していた。留位論者の意識においても、地方巡幸や各種施設の視察を天皇の果たすべき役割として、さほど大きく見ていたとは思われない。

連合国最高司令官との会見

次に国民の目につきやすかった天皇の役割として、連合国最高司令官との会見が考えられる。昭和天皇はマッカーサーと一一回、後任のリッジウェイ（M. Ridgeway）と七回、会見を行っている。一連の会見について、豊下楢彦の研究を参考にして表を作成した（表4）。リッジウェイの場合、第五回、第六回会見は同日の午前と午後に行われている。講和条約発効を目前に控えていたので、午前に天皇がリッジウェイを訪問した第五回会見の答礼として、同日午後にリッジウェイが皇居を訪問したのである。第七回の時点では既に講和条約が発効して日本が独立していたため、リッジウェイは既に連合国最高司令官ではなくなっていた。

朝日新聞見出し	毎日新聞見出し	読売新聞見出し
9.28天皇陛下/マ元帥を御訪問/卅五分に亘り御会談	9.28天皇陛下/マ元帥を御訪問/打寛いで御会話/モーニングを召さる	9.28天皇陛下御躬らマッカーサー元帥御訪問/米大使館で御会談
9.29天皇陛下，マツクアーサー元帥御訪問/廿七日アメリカ大使館にて謹写	9.29歴史的御会談	9.29天皇陛下マッカーサー元帥御訪問/廿七日米大使館にて謹写
6.1陛下，マ元帥御訪問/会談約二時間に及ぶ	6.1天皇陛下，マ元帥を御訪問	6.1天皇・マ元帥御訪問/きのふ米国大使館へ
10.17陛下，マ元帥を訪問	10.17天皇陛下，マ元帥御訪問／約二時間に亘り御歓談	10.17天皇陛下/マ元帥を御訪問
5.7陛下，マ元帥御訪問	5.7天皇マ元帥を御訪問	5.7天皇陛下マ元帥と会談
11.15陛下，マ元帥御訪問/六ヶ月ぶり二時間の会談	11.15陛下，マ元帥と御会談/きのう米大使館で	11.15天皇陛下，マ元帥と会談
5.7天皇，マ元帥御訪問	5.7天皇，マ元帥を訪問	5.7陛下マ元帥と会談
1.11天皇きのうマ元帥訪問	1.11天皇マ元帥御訪問	なし
7.9陛下，マ元帥御訪問	7.9陛下，マ元帥と会見	7.9天皇・マ元帥を訪問

表４　昭和天皇・最高司令官会見一覧

日付	会見相手	回数	会見内容
昭和20年９月27日	マッカーサー	第１回	戦争責任について弁明 占領政策に協力を約束
昭和21年５月31日	マッカーサー	第２回	東京裁判？
昭和21年10月16日	マッカーサー	第３回	食糧問題 アメリカの対日世論 日本国憲法戦争放棄条項について ストライキ 地方巡幸 シベリア抑留
昭和22年５月６日	マッカーサー	第４回	日本の安全保障
昭和22年11月14日	マッカーサー	第５回	不明
昭和23年５月６日	マッカーサー	第６回	不明
昭和24年１月10日	マッカーサー	第７回	不明
昭和24年７月８日	マッカーサー	第８回	治安問題

11.27天皇，マ元帥訪問	11.27天皇陛下，マ元帥を訪問	11.27天皇・マ元帥を訪問/一時間余に亘り会談
4.19(夕刊)陛下，マ元帥を訪問さる	4.19(夕刊)天皇陛下，マ元帥を訪問	4.19(夕刊)天皇，マ元帥訪問
4.19天皇，マ元帥と会談	4.19天皇，マ元帥を訪問	4.19天皇，マ元帥訪問
4.16天皇/マ元帥にお別れ	4.16お別れの固い握手/陛下，マ元帥を訪問	4.16元帥と固い握手/天皇陛下/感謝のお別れ
5.3天皇，リ中将を訪問	5.3天皇陛下，リ総司令官と初会見	5.2(夕刊)天皇　リ中将訪問
8.28(夕刊)天皇，リ総司令官を御訪問	8.28陛下，リ総司令官を御訪問	8.27(夕刊)天皇・リ大将を訪問
9.19リ大将，天皇を訪問	9.19リ大将夫妻，両陛下を訪問/午餐をともに歓談のひと時	9.18(夕刊)リ大将夫妻皇居を訪問/ご秘蔵の古酒で乾杯/陛下が心づくしの日本画や鮎料理
3.27(夕刊)天皇，リ大将夫妻をお招き	3.27(夕刊)両陛下，リ大将夫妻を御招待	3.27(夕刊)リ大将夫妻を皇居にお招き
4.26(夕刊)天皇陛下，リ大将御訪問	4.26(夕刊)連合軍の好意に感謝/天皇陛下，リ大将と歓談	4.26(夕刊)天皇リ大将を訪問
4.27予定のばして御歓談/天皇陛下とリ総司令官	4.27リ大将，天皇を訪問	なし
5.10(夕刊)両陛下，リ大将夫妻と御会食	5.10(夕刊)リ大将夫妻とお別れの昼食/両陛下が招待	5.10(夕刊)両陛下，リ大将夫妻お招き

昭和24年11月26日	マッカーサー	第９回	講和問題 日本の安全保障
昭和25年４月18日	マッカーサー	第10回	講和問題 日本の安全保障
昭和26年４月15日	マッカーサー	第11回	朝鮮戦争 天皇訴追問題
昭和26年５月２日	リッジウェー	第１回	朝鮮戦争
昭和26年８月27日	リッジウェー	第２回	再軍備
昭和26年９月18日	リッジウェー	第３回	朝鮮戦争
昭和27年３月27日	リッジウェー	第４回	朝鮮戦争 日米行政協定
昭和27年４月26日	リッジウェー	第５回 第６回	朝鮮戦争 北海道の防衛
昭和27年５月10日	リッジウェー	第７回	朝鮮戦争

豊下楢彦『昭和天皇・マッカーサー会見』『朝日新聞』平成14年８月５日付を元に作成

図７　昭和天皇とマッカーサー

新聞の会見報道

さて、一部例外もあるが、一連の会見は毎回新聞各紙が報じている。ここでは『朝日新聞』『毎日新聞』『読売新聞』の三紙を取り上げたが、内容は一部例外を除いてどれも大差ない。さすがに第一回会見は天皇の服装など詳しく報じているが、肝心の内容については、公開されなかったこともあって触れていない。ちなみに、このときアメリカ側が撮影した昭和天皇とマッカーサーが並んでいる写真について、日本政府が発禁処分にしたのを、ＧＨＱが掲載を命じたという経緯がある。そのため、第一回会見の内容は九月二八日付各紙で報じられたが、写真だけが二九日付各紙に載ることになった。

それ以外はマッカーサーとのお別れとなった第一一回会見と、リッジウェイとの第三回会見以降を別にして、各紙とも記事は小さい。注意して読まないと見落としてしまうくらいである。会談内容は日本政府もＧＨＱも一切公開しなかったため、日本政府の発表をソースとした記事は内容に触れていない。例外は第八回・第九回会見についての『読売新聞』で、推測と断りながらも、第八回では治安問題、第九回では講和問題が取り上げられたと報じている。同紙は第四〜第九回会見については外信記事をソースとしているので、その影響かもしれない。とはいえ、全ての記事が会見に要した時間はわかるように書いているので、注意深い読者は会見が単なる儀礼的なものに留まらず、重要なことが話し合われていることを察したのではないだろうか。日本政府とは別に、天皇が日本を代表して連合国最高司令官と会見しているという印象を持つ者がいたとしても、おかしくはない。

治安と安全保障への関心

そして実際の会見内容も、豊下によると多岐にわたっており、いずれも重要であった。特に昭和天皇の関心が高かったのが、国内の治安と安全保障であり、毎回のように取り上げていることがわかる。どちらも日本の共産主義化防止すなわち天皇制の維持に関わることであった。もちろん、会見で何らかの決定がなされるはずもなく、内容が公開されない以上、政治的な影響も直接的にはないといってよい。実際のところ、マッカーサー及びリッジウェイの立場としては、天皇が最高司令官と良好な関係にあり、占領統治に協力的であるとアピールできれば十分だったのではないだろうか。逆に昭和天皇にとっては、単なる儀礼ではなく、情報収集もかねた重要な政治的行為と考えていた節がある。続いて、水面下で天皇が行っていた政治的行為について検討してみたい。

立憲君主の機能

立憲君主制の本質を表す「君臨すれども統治せず」という言葉がある。政治・外交・軍事などにおける国家としての決定は内閣が行う。君主はその決定に従って裁可の手続きを行い、君主の名の下に政府の決定が実行されるが、責任は君主でなく内閣が負うということを意味する。しかしながら、それは君主が内閣の提出した書類に機械的に署名し、内閣の作成した声明を棒読みするだけのロボットのような存在であるという意味ではない。それならば極端な話、君主に思考能力は必要ないということになる。立憲君主制の本場であるイギリスでは、国王に人間でなければ務まらない重要な役割を期待しているのである。

バジョット（W. Bagehot）の『イギリス憲政論』に、国王は「首相から相談を受ける権利、首相を励ます権利、首相に警告する権利」を有するという記述がある。立憲君主の機能を説明した一文として知られているが、大半の読者にはなじみがないと思われるので、簡潔に説明しておきたい。

議院内閣制においては、首相は選挙によって頻繁に交代する可能性がある。それとは対照的に国王は長期間在位するので、継続的に政府の動きを観察することができる。そこで、たとえば首相が新しい法案を前もって国王に法案の内容を説明する。それに対して過去の事例を知っている国王は、「以前に某首相が同じような法案を通そうとして失敗した事例を調べてみるとよい」と言って遠回しに警告するかもしれないし、逆に「がんばれ」と首相を後押しするかもしれない。ここで重要なのは、国王は「やれ」とも「やるな」とも命令してはいけないということである。命令するのは「君臨」の線を越えて「統治」に踏み込んでしまう。そして、国王の言葉に耳を傾けるかどうかは内閣が判断することであるから、結果についても内閣が責任を負わなければならない。また、議会が何らかの理由で後継首相を決定できない場合に、国王は前任の首相などから意見を聴取して、人選の調停を行うことがある。これは明らかに政治的行為であるが、立憲君主が果たすべき役割として認められている。現国王のエリザベス二世も、一九五七年と一九六三年に、自ら有力政治家に諮問して首相の人選を行ったことがある。いずれも与党保守党が後継首相の選定をスムーズに行うことができず、デッドロック状態に陥ったのを解消するためであった（ボグダナー

助言者・調停者としての国王

『英国の立憲君主政』)。

　このような立憲君主制の運用が表ざたになることはまずないし、むしろ水面下に留めることで機能するのだが、立憲君主制の中で欠かすことのできない重要な部分である。つまり、国王は単なる飾り物や自動署名装置などではなく、思考能力を持った存在でなければならない。そして、国王は自らの役割を果たすため、常に内閣から政務に関する報告を受ける。情報を遮断されては、助言も調停も行いようがないからである。

内奏の慣習

　それでは日本の場合はどうか。大日本帝国憲法においては、天皇が統治権を総攬すると定められていたので、あらゆる政府の行為も天皇の裁可を必要とした。天皇に裁可を求める正式な報告が上奏であり、上奏の前に天皇に行う内々の報告を内奏《ないそう》と呼んだ。内奏という言葉の多義性については後藤致人の詳細な考察があるが(後藤致人『内奏—天皇と政治の近現代史—』)、ここでは天皇に対して政府の政策や人事などを非公式に説明する行為という程度に認識していただければ十分である。もちろん、内奏の内容が公にされることはない。内奏に対して天皇がどのような反応を示し、さらに天皇の対応が政治上どのような影響を持ったかについては、時期とともに変容しているし、様々な事例について膨大な先行研究があるが、ここでは立ち入らない。残念ながら、戦前の日本ではイギリスのような議院内閣制が明確なルールとして定着することはなかったものの、天皇は政府の決定に従う代わりに政治的責任を負わないという観念は共有されていたとみてよいだろう。

さて、日本国憲法第四条は、「天皇は、この憲法の定める国事に関する行為のみを行ひ、国政に関する権能を有しない」と定めている。いったい、日本国憲法においても内奏を行う必要があるのか。議会での憲法改正審議においては全く取り上げられなかった問題だが、日本国憲法施行後最初の内閣では、当事者が頭を悩ませることになった。

片山哲内閣の内奏

昭和二二年（一九四七）五月、社会党・民主党・国民協同党三党連立政権が成立し、社会党の片山哲《かたやまてつ》が首相となった。片山は弁護士出身で、戦前から代議士としての経歴を持つが、政権に参加した経験はない。その片山の首相就任早々、昭和天皇は、「自由に話しに来い。政治上の話も知らせてくれ」と声をかけた。片山も、「今度は官邸にお呼びしましょうか」と応じた（片山哲『回顧と展望』）。このやりとりから、昭和天皇が日本国憲法下においても、従来どおり立憲君主としての役割を果たすつもりでいたことがわかる。同時に片山も、「政治上の話」が何を意味するか認識していたかどうかは別にして、天皇に政治上の話をするべきではないという考えを持っていなかった。

六月、昭和天皇は関西行幸を行った。これは京都御所を拠点として京都府・大阪府・和歌山県・兵庫県をまわる日程だった。このとき、片山内閣の経済閣僚七人が天皇を追いかけるように関西へ遊説に訪れ、天皇に拝謁して内閣の政策を説明し、あまつさえその内容をマスコミに披露している。

まず六月一〇日、後に初代労働大臣となる社会党の米窪満亮《よねくぼみつすけ》国務大臣が、御所で昭和天皇に拝謁して、内閣の労働政策について説明した。これに対して昭和天皇は、「関東に比べて関西は労資協調がうまくいっている」「日本は労資協調して生産を復興するのがよい」と語ったと、米窪は記者に明らかにしている（『朝日新聞』『京都新聞』昭二二・六・一一）。

また一三日、同じく社会党の水谷長三郎《みずたにちようざぶろう》商工大臣は、閣僚三人とともに御所で拝謁した後、昭和天皇が、「インフレ対策を早く」「石炭問題は所期の目的を達せよ」「新聞で水谷の人気を知った」などと語ったことを、記者に話している（『京都新聞』昭二二・六・一四）。

今日同じようなことをしたら、天皇の政治利用として批判を免れないはずだが、記者た

表5　片山内閣内奏事例

日付（昭和二二―二三年）	閣僚の拝謁	備考
五月末?	片山哲首相が組閣の挨拶 天皇「自由に話しに来い。政治上の話も知らせてくれ」 片山「今度は官邸へお呼びしましょうか」（『回顧と展望』）	
六月一〇日	米窪満亮国務相（後の初代労相）：GHQ労働顧問と共に労働問題について説明 「加配米の確保、物価安定、労働者顕彰、汽車・映画館無料化、失業保険徹底、標準給料の七割の毎月支給」等 「関東に比べて関西は労資協調がうまくいっている」「日本は労資協調して生産を復興するのがよい」（『朝日』『京都』）	
六月一一日	苫米地義三運輸相：昭和天皇の列車に同乗して大阪鉄道局に赴く（『朝日』）	

六月一四日	片山首相：文楽鑑賞に陪席（『朝日』） 水谷長三郎商工相・矢野庄太郎蔵相・一松定吉厚相・和田博雄経済安定本部長官拝謁 水谷談、「インフレ対策を早く」「石炭問題は所期の目的を達せよ」「新聞で水谷の人気を知った」（『京都』）	
六月三〇日	平野力三農相：食糧問題について下問（『朝日』）	
七月二一日	片山首相：不明（片山の手帳）	
七月三〇日	森戸辰男文相：新学制等について奏上（『朝日』）	
八月一日	片山首相：不明（片山の手帳）	
八月五日〜一九日	東北行幸に鈴木義男法相・笹森順造国務相・林平馬国務相・水谷商工相が扈従し、拝謁（『巡幸餘芳』『入江相政日記』）	
八月下旬〜九月一日	片山首相と木村小左衛門内相：不明（『入江』）	
九月二日	米窪労相：労働省発足について報告？（『入江』）	
九月一八日	木村内相：関東地方の水害（『朝日』）	
九月二二日	片山首相：お茶会（片山の手帳）	

九月二六日	片山首相：お茶会（片山の手帳）	
一一月二一日	片山首相：お茶会（片山の手帳）	
一一月二六日〜一二月一二日		斎藤隆夫国務相・木村内相・森戸文相が扈従（GHQ／SCAP）
一一月二九日	森戸文相：中国行幸途上広島で新劇観賞の幕間に拝謁（『入江』）	
二月一〇日	片山首相：退陣の挨拶（『朝日』）	
二月二五日		GSが片山の退陣の挨拶を批判する声明（『朝日』）
三月四日		シーボルド政治顧問が国務省に片山の退陣の挨拶について報告（『資料日本占領一』）

ちもそのことは問題視していない。同時に天皇の発言も特に批判されなかった。社会党の閣僚たちは、天皇に内閣の政策を説明することも、その内容を明らかにすることも、日本国憲法に反するとは考えていなかったわけである。だが、拝謁の内容をここまでおおっぴらにすることは、大日本帝国憲法においてはありえなかった。むしろ当人たちは日本国憲法下における、天皇と内閣の新しい関係を模索しているつもりだったかもしれないが、客観的には政治利用というほかない。

関西行幸以後は、閣僚が拝謁について記者に詳しく語ることはなくなる。あるいは、これを慣例とすべきではないという反省があったのかもしれない。ただ、閣僚の内奏はその後もいくつかの事例が確認できる（表5）。

芦田均の疑問

片山内閣は社会党の内紛が元で一年持たずに退陣し、民主党党首の芦田《あしだ》均《ひとし》が後任の首相となった。その芦田は両内閣を通じて重要な内奏を行い、かつ詳細な記録を残している。彼の日記から、当時の天皇と内閣の関係をさらに検討してみよう。

芦田は戦前に外交官から代議士に転身し、大政翼賛会に参加しなかったために公職追放の対象とならず、戦後政界のリーダーの一人となった人物である。彼は幣原内閣で厚生大

図８　芦田均内閣
前列左から４人目が芦田首相，５人目が西尾末広副総理．

臣を務めたのが初入閣であったが、このときは内奏をした形跡がない。また、吉田内閣においては衆議院帝国憲法改正小委員長を務め、憲法改正審議を取り仕切った。

片山内閣では、芦田は外務大臣に任命された。内閣発足後二ヵ月余りを経た七月一八日、鈴木《すずき》一《はじめ》侍従次長が外務省を訪れ、岡崎勝男《おかざきかつお》次官に対して昭和天皇の言葉を伝えた。

陛下は外交問題について御宸念遊ばしている……外務大臣が内奏に見えないのか……見えるなら土曜日でもよろしい。

（『芦田均日記』昭二二・七・二二）

芦田は「新憲法になって以後、余り陛下が内治外交に御立入りになる如き印象を与えることは皇室のためにも、日本全体のためにも良いことではない。だから私は内奏にも行かないのである」と考えていた。芦田の日本国憲法解釈では、天皇に内奏を行う必要がない、つまり天皇はイギリス国王のような立憲君主としての機能を持っていないことになる。それに対して、昭和天皇は自分の役割は従来通りと解釈していたから、立憲君主としての務めを果たすために内奏を要求したのである。芦田も天皇直々の要請には逆らえず、「御上の思召とあれば行くべきだと決意して」モーニングを着用して二一日に参内した。

芦田均の内奏

芦田は三〇分ほど、アメリカの外交政策や中国の国共内戦について説明した。それが終わると、昭和天皇は「米蘇関係は険悪であるというが果たしてどうなるのか」と尋ね、芦田が識者の言葉を引用する形で、米ソ開戦の可能性は possible ではあるが、probable ではないと答えると、「日本としては結局アメリカと同調すべきでソ連との協力は六ヶ敷《むつかし》いと考えるが」と述べた。昭和天皇は日米協調によってソ連と対抗すべきことを暗示したのである。

初回の内奏は結局一時間一〇分に及んだ。退出の様子について、芦田は次のように記した。

「又時々来てくれ」と仰せられた時に私は「はい」とお答えしたが、頭の中に又して

表6　芦田均内奏

日付〔昭和二二—二三年〕	芦田の拝謁記事	備考
昭和二三年 七月一八日		鈴木一侍従次長からの催促 「新憲法になつて以後、余り陛下が内治外交に御立入りになる如き印象を与へることは皇室のためにも、日本全体のためにも良いことではない」 「御上の思召とあれば行くべきだと決意して」
七月二一日	国務省の対日平和予備会議、トルーマンドクトリン、マーシャルプラン、国共内戦、日本共産党の現状 天皇「日本としては結局アメリカと同調すべきでソ連との協力は六ケ敷いと考へるが」「又時々来てくれ」 芦田「頭の中に又しても新憲法のことが浮んできた」	

九月一九日	平和条約準備、日本将来の安全保障 「安全保障の問題については陛下は殊に力を込めてフンフンと御うなづきになつた」	
一一月八日	陛下、芦田ハ三十分位激論シタル由〔寺崎英成御用掛日記〕	
昭和二三年 三月一〇日	閣僚認証式。共産党への対応、左派の入閣、宮中改革 「共産党に対しては何とか手を打つことが必要と思ふが」 「左派の入閣はどんな影響があるか」 「宮内府に対してもG・H・Qの意見は統一がないように思ふ」	
三月一二日		片山哲前首相と事務引継ぎ。天皇は長官と侍従長留任を片山に希望 片山「陛下は長官と侍従長は自分の秘書であるから自分の信頼する者を任用したいと思ふが、何とかG・H・Qでも認めてくれないだらうかと仰せられた」

三月三一日		金森徳次郎国会図書館長が前日の打診に応じ宮内府長官就任を受諾
四月五日		吉田茂が松平慶民留任をマッカーサーに進言したとケーディスから聞く
四月七日	宮内府長官と侍従長の入れ替えを天皇に認めさせる「政府の変る毎に宮内府の長官が交替するのは面白くないと思ふ」「現在の長官、侍従長共によく気が合ふので」	
四月八日		松平恒雄参議院議長が金森放出を拒絶
四月一三日		南原繁東大総長が長官就任を拒否。松平長官が天皇の更迭延期希望を伝えてくるが芦田は拒否。堀内謙介元駐米大使浮上。ハッシー政治課長が宮中の経費節減を要求。芦田も同意。

四月二二日		堀内が長官就任を拒否。田島道治大日本育英会長に打診 「同君は御退位の然るべきこと（此点は南原君、堀内君も同じだ）を話され……明後日を期して別れた」
五月一〇日	田島を長官に推薦。各大臣による政務奏上をしないことを告げる 天皇「明後日森戸文部大臣と田島とが来る筈だから、其時によく話した上で自分の考を述べようと仰せられた」 芦田「新憲法によつて国務の範囲が限定せられ、旧来のように各大臣が所掌政務を奏上致さないことになりましたが、然し陛下に対する閣僚の心持には毫末も変りはありませぬ」 天皇「それにしても芦田は直接に宮内府を監督する権限をもつてゐるから、時々来て話して呉れなくては」 芦田「左様致します」	

五月一三日		天皇が田島の長官就任を受け入れたと加藤進宮内府次長が伝える
五月二一日	田島長官人事御嘉納へのお礼言上。侍従長を三谷隆信学習院次長に替える。皇室も一家団欒を実現するため赤坂離宮へ移る。皇太子教育を自由奔放な教育に改める→天皇は全ての提案に消極的な反応 「三谷は知ってゐる、然し大金は当分御用掛りとして残したい、又宮内府長官と同時でないことを望む、少し遅れて発表したい」 「赤坂離宮については生活に不自由だし、且つ費用がかゝるので矢張り当分は現在の御文庫が住心地がよい」	
五月二九日	侍従長更迭・宮内府改革案について天皇から苦情 「私は政府をやめようかと一瞬考へた」	加藤が天皇の使いとして、今回の更迭を前例としないことにして更迭してもよろしいと伝える
六月三日	侍従長からの電話で参内 「どうすれば旧来の宮内省に対する世評を転換しうるか」	

六月三日	「総理は時々参内して食糧事情や経済状況を奏上して貰ひたい」	
六月五日	田島と三谷の認証式 「陛下は厳格な顔をして居られたが、私は自分の考が皇室の御為めになると確信してゐたから平然としてゐた」	
七月八日		田島と天皇退位問題について話す
七月九日	議会の状況、食糧・衣料の大体を説明。アイケルバーガー第八軍司令官引見・七月下旬からの那須行幸を提案→天皇は同意 「皇族殿下の公職の問題を御話しになつた。これは早速にG・H・Qと交渉して決定しますと答へた。……然し宮中へ行つて、宮内府長官と侍従長を更迭したことはよかつたと思つた」	
八月二九日		田島と天皇退位問題について話す
九月一日	豊作による労務加配拡大、公務員法修正の影響、阿波丸事件の交渉、張群との会談、政局に関するマッカーサーの意見、解散に対する考え方	

	「私からMacArthurも民自党の政権を喜んでゐない旨を申上げたところ、陛下は意外らしい顔色をなされた」	
一〇月六日	辞職の決意伝達 「議会は開くのか」「第二次芦田内閣になるか」	

も新憲法のことが浮んで来た。（『芦田均日記』昭二二・七・二二）

この後、芦田は度々内奏を行うことになる（表6）。ここでも安全保障の問題が多く取り上げられているが、昭和天皇の方から治安問題や閣内人事について質すこともあった。そこから推測すると、社会党閣僚の内奏にはあまり満足していなかったようである。彼らに大日本帝国憲法下での閣僚経験がなかったことから、昭和天皇としても距離の取り方を計りかねていたのかもしれない。ともかく、内奏の慣習自体は日本国憲法下にも引き継がれることになった。

天皇メッセージ

そして、この時期の昭和天皇の行為で看過できないのは、政府に無断で二重外交を行ったという事実である。昭和天皇は昭和二二年（一九四七）九月二〇日と翌年二月二六日に、寺崎英成《てらさきひでなり》御用掛をシーボルト占領軍政治顧問（W. J. Sebald）のもとに派遣し、東アジアにおけるアメリカの軍事的プレゼンスに関するメッセージ、いわゆる「天皇メッセージ」を届けさせた。一回目は「日本に潜在的主権を残した状態でアメリカが南西諸島を長期間占領すること」を、二回目は「日本・朝鮮半島南部・台湾・フィリピンに反共防衛線を構築すること」を提言したのである。これは明らかな憲法違反という以前に、立憲君主制の規範にも反することであり、大日本帝国憲法下においてもありえない行為であった。その後の東アジア情勢の展開は昭和天皇の予測通りになったので、秦郁彦のように天皇を評価する者は、「天皇の洞察力には脱帽のほかない」と称賛するが（秦郁彦『裕仁天皇五つの決断』）、天皇の行為を法的にも正当化する論者はさすがに見あたらない。本書で「天皇メッセージ」の是非を論じる紙幅はないが、読者には昭和天皇が政治的に能動的な存在であったことの証左として、脳裏に留めておいていただきたい。

このような表面に現れにくい天皇の役割について、国民の間でどの程度コンセンサスが形成されていたかを判断するのは難しい。戦前から政権に参画した経験を持つ保守政治家の間では、ある程度認識が共有されていたと思われる。当然のことながら、最大の当事者である昭和天皇は、自分が果たしている役割を形だけのものとは思っていなかったであろう。未成年の皇太子や、信用のおけない高松宮には任せられないと考えるのは自然なことであり、昭和二三年（一九四八）当時、自分が退位できる状況にないと判断したのも理解できなくはない。

芦田内閣は同年一〇月、昭和電工事件によって退陣し、野党第一党の民主自由党総裁吉田茂が首相に返り咲いた。吉田は翌年一月の総選挙で大勝したことで少数与党状態を打破し、以後六年間にわたる長期政権が続くことになる。吉田が昭和天皇の退位に否定的であったことは前述したが、その吉田は日本国憲法下の天皇にどのような役割を期待したのだろうか。

吉田茂と日本国憲法

GSの介入

第二次吉田茂内閣発足に際しては、GS（民政局）の大きな介入があった。GSは吉田を反動的として嫌い、民主自由党の山崎《やまざき》猛《たけし》を引き抜いて民主党と組ませ、衆議院の首班指名選挙で吉田に勝たせようとしたのである。この企ては山崎が辞退したことで流れてしまったが、少数与党の吉田が衆議院を解散しようとしたときに、GSは再度介入してきた。日本国憲法において、衆議院の解散について触れた条文は第七条と第六十九条第二項しかない。前者は天皇の国事行為を定めており、その中に衆議院の解散が含まれている。後者は内閣不信任決議案可決の際に、内閣は総辞職か衆議院解散を選択しなければならないと定めている。

野党が少数与党の吉田内閣に対して不信任決議案を出せば話はすんなり行くのだが、芦田内閣は散々な不評をこうむって退陣したのであり、旧連立与党の社会党・民主党・国民協同党は当面の選挙を望まなかったから、不信任決議案を出す気はなかった。かといって少数与党のままでは政権運営に支障をきたすので、吉田としては衆議院を解散して与党の単独過半数を獲得したい。そこで第七条を根拠に衆議院を解散しようとしたのだが、これに対してGSが待ったをかけたのである。

図9　吉田　茂

衆議院解散権の所在

第七条を根拠として衆議院を解散するとなると、天皇に衆議院解散権があるという憲法解釈になる。これは民主主義に反するのではないか。天皇は国政に関する権能を一切有しないのであり、第七条は単に天皇が衆議院の解散を宣言するという儀礼的手続きに過ぎない。衆議院の解散はあくまでも第六十九条が定める内閣不信任決議案が成立した後でなければ実施できないのである……という野党の主張をGSが後押ししたことで、吉田は衆議院の解散に踏み切れなくなった。占領下ではGHQに逆らうことは不可能であった。

とはいえ、少数与党を野党が締め上げる状態が続けば、政治が機能不全に陥ってしまう。結局ウィリアムズ国会課長（J. Williams）が仲介して、野党が内閣不信任決議案を提出して可決することで、衆議院の解散が実現し、前述のように昭和二四年（一九四九）一月総選挙で民主自由党が大勝利をおさめ、単独過半数を獲得したのである。逆にいうと、この時点では第七条に基づく衆議院の解散は認められなかったわけで、天皇の権能を狭く解釈する憲法運用が心がけられたといえる。

先回りすると、独立後の昭和二七年（一九五二）八月に、吉田は第七条を根拠として衆議院を解散する。このときは各党とも解散自体には賛成だったので、国会で憲法論争が起こることはなく、その後、第七条による解散が定着していくことになる。憲法学界も、内閣が衆議院を解散できる方が合理的であることから、「内閣が衆議院解散権を有しており、天皇は内閣の助言と承認に基づいて衆議院解散を宣言する」という憲法解釈を打ち立て、現在に至るのである。

とはいえ、昭和二四年（一九四九）の前例を重んじ、「少数与党が組閣した場合は、選挙を望もうが望むまいが、野党は内閣不信任決議案を成立させ、内閣が衆議院を解散する」という慣行を定着させていく選択肢もあった。憲法学者の小嶋和司はそのように主張し、第七条解散を天皇の権能を復活させるものとして批判した（小嶋和司『小嶋和司憲法論集二　憲法と政治機構』）。結局、第七条解散が定着したわけだが、これもまた戦後日本人の選択の結果である。

吉田茂の天皇観

話を吉田茂内閣に戻すと、昭和二四年（一九四九）以降、GSはGⅡ（参謀第二部）との権力闘争に敗れ、左派の主だった面々が次々に日本を去ることになり、吉田にとっては目の上のたんこぶが取り除かれた。ちょうど米ソ対立が明らかなものとなってきた時期でもあり、アメリカの対日政策も民主化・非軍事化よりも経済再建に主眼を置くように改められたことから、吉田は第一次内閣のときよりも行動に制約を受けることが少なくなった。そして、吉田は天皇の位置づけについても、自分の色を強く打ち出していくのであるが、まずは吉田の回想録である『回想十年』を手掛かりに、彼の天皇観を確認しておこう。

我が国では、祭政の中心は皇室であり、それが古代から近代に至る日本史に一貫して変わらざる事実である。皇室を中心とする祭事と政事とは一体不可分であり、従って皇室の歴史は国家の歴史であった。そして神道は皇室の宗教であるとともに、国民の宗教でもあったのである。

宮中祭祀の位置づけ

古代より、宮中では新嘗祭《にいなめさい》などの儀式が受け継がれており、そのような儀式を執行することが天皇の第一の役目であった。政治を意味する古語である「まつりごと」も「祭り」に由来すると考えられている。吉田はそのような伝統を根拠として、日本国憲法下においても皇室を政治・宗教・文化など、社会のあらゆる方面における精神的、道徳的中心として存続するようしむけるため、宮中の儀式を皇室の私事ではなく国民の儀式として執行し、閣僚など国民の代表が参加することを提言している。

大日本帝国憲法下においては、明治四一年（一九〇八）公布の皇室祭祀令によって宮中の儀式が明文化されていたが、これは日本国憲法施行とともに廃止されていたので、宮中の儀式は法的根拠を失ってしまった。なおかつ政教分離の原則により、特定の宗教に基づく儀式を国が執行することも、財政的に支援することも不可能になったから、吉田の主張は明らかに違憲である。だが、吉田は「これこそ日本国民の思想に合するものであり、歴史的伝統を保持し、国民の精神的統合を成し遂げる所以《ゆえん》の一つになるのではないかと思うのである」と述べ、国民の理解は得られると楽観していた。また、吉田は栄典制度を皇室の所管とすることや、園遊会の活用、社会事業への積極的な関与によって、皇室と国民を直結させようとした。

君臣の関係

では、天皇と国民の関係はどのようであるべきかというと、「私は飽くまで、親子、君臣に関するわが国古来の伝統は、今後も永くわが日本の道徳の中心、国家秩序の根源たるべきものと確信する」と主張し、日本国憲法下においても日本は君主制であるとの信念を変えなかった。第一条の「象徴」の語も、「皇室と国民の一体不可分性を明示している」言葉であり、天皇が君主であることを否定してはいないと解釈した。

吉田の天皇観を整理すると、日本国憲法下の天皇は依然として日本の君主であり、伝統的な神道儀礼の執行などによって、日本国民を統合する役割を担っている。国民とは様々な儀礼などによって結びつき、君臣関係に変化はない。そういうものであった。

イギリス国王の役割について、「君臨すれども統治せず」という言葉がある。吉田は天皇の役割もイギリス国王と同等と見たのだが、日本国憲法施行後、「君臨」の部分がおろそかにされていると感じたのだろう。吉田は「君臨」を強調するような憲法運用を心がけていった。次にその事例を確認する。

内奏の定着

まず芦田が悩まされた内奏だが、吉田はむしろ内奏の慣習継続に積極的であった。『朝日新聞』（昭二五・八・二八）によると、天皇と閣僚は内閣交代のたびに会食し、国会の前後と災害に際して報告するのが慣習となっている。さらに吉田は他の閣僚が任期中一、二回程度内奏するのに対して、月一回のペースで内奏を行う。そして天皇は政情によく通じ、民生については数字を挙げて質問すると伝えている。まさに、イギリス国王と同じ役割を果たしているのである。

外交史料館が公開している『平和条約の締結に関する調書』によれば、吉田は講和会議に関する日米交渉についても資料を作成して、天皇に内奏を行っていた。特に昭和二七年（一九五二）一月二一日には中国問題に関する書簡（中華人民共和国ではなく中華民国を国交回復の相手とすることをアメリカに対して確約した、いわゆる吉田書簡）について、四月二四日には南西諸島の地位（小笠原と沖縄をアメリカの施政権下に置くこと）について内奏した。つまり、昭和天皇はこの二件について、講和条約発効以前に説明を受けていたわけである。

もちろん、内奏に際して天皇がどのような発言をしようと、実際に政策決定の責任は内閣が負わなければならないが、吉田の姿勢は昭和天皇にとって満足すべきものであっただろう。

吉田が閣僚に内奏を行うよう指示した例もある。やや時期が下るが、昭和二八年（一九五三）五月一三日、吉田は岡崎勝男《おかざきかつお》外務大臣に朝鮮戦争の休戦会談を、木村篤太郎《きむらとくたろう》保安庁長官に保安隊の現況を、山縣勝見《やまがたかつみ》厚生大臣に引揚状況を、小笠原三九郎《おがさわらさんくろう》に貿易の現状を、それぞれ内奏するよう指示した（『朝日』昭二八・五・一四）。吉田は、これらの問題は天皇が知っているべきと考えたのである。

外交儀礼の復活

昭和二七年（一九五二）四月二八日、前年に調印されたサンフランシスコ講和条約が発効し、日本は独立を回復した。それは外交関係の回復ということでもあり、外交上の儀礼における天皇の役割が復活することになった。日本国憲法第七条が規定する国事行為のうち、外交文書の認証と大公使の接受が初めて現実のものとなったのである。

五月七日、吉田は大使の人選について天皇に報告した（『朝日』昭二七・五・七）。六月九日には、天皇がフランス・イギリス・インド・イタリア・スペインの大使を午餐会に招待した（『朝日』昭二七・六・九）。このような外交儀礼は日常的に行われ、国際社会に天皇が日本の君主であることを印象づけることになる。そして占領中とは異なり、首相が外遊するようになったが、吉田は外遊の前後に際して天皇に内奏を行うのを慣習とした。

天皇の謝罪

この時期に国賓が謁見した例をひとつ紹介したい。昭和二七年（一九五二）九月一八日、中華民国の張群《ちょうぐん》特使が訪日し、五〇分間にわたり天皇と会談を行った。張群は中国の陸軍軍人で、日本の陸軍士官学校を卒業した後、国民党政権の要職を歴任した人物である。このときは松平康昌《まつだいらやすまさ》式部長官と三谷隆信《みたにたかのぶ》侍従長が同席しており、まず、次のような挨拶が交わされた。

天　皇　閣下が日華両国親善のために努力せられておることは有吉〔明〕公使の頃から聴いており、大いにその労を多として居たのであるが、本日面会することが出来て誠に喜ばしく思う。

張　群　私は四十五年前に貴国に留学し、爾来数回日本に渡り、その間日華両国の問題に関し聊《いささ》か微力を尽くしたが、元来日華両国の親善は孫中山《そんちゅうざん》〔孫文〕以来一貫した国策であった。

天　皇　閣下のその努力が酬《むく》えられず、遂に今次の日華事変となったことは極めて遺憾である。（「中華民国政府特使張群氏天皇陛下に謁見の際の談話要旨」外交史料館所蔵）

この後は張群が延々と共産党の脅威を語り、天皇から蔣介石《しょうかいせき》総統によろしくといった程度のやり取りが記されているが、史料は一字一句を記録したものではなく、あくまでも要旨である。しかし、天皇が日中戦争について遺憾の意を示したことは新聞でも小さく報じられており、謝罪したことは間違いないだろう。後年、昭和五三年（一九七八）（『毎日』昭二七・九・一九）、同五九年（一九八四）の全斗《チョンドゥ》煥《ファン》韓国大統領訪日に際して、天皇の「おことば」が問題となるが、天皇の謝罪はかなり早い時期に行われていた。

外国への謝罪が政治的発言であるならば、そもそも天皇が国を代表して謝罪することは憲法上許されるのかという疑義も生じうる。だが、なんといっても昭和天皇は陸海軍大元帥として当事者の立場にあったのであり、張群との会談で、日中戦争に言及しないということはありえなかっただろう。これが戦争責任を負わない皇太子であったらどうなっていたかと考えると、昭和天皇の留位は謝罪問題の発生を不可避にしたという意味で、外交関係にも影響を及ぼしたといわざるをえない。

戦後日本も君主国

吉田はあくまでも天皇を君主として遇した。言い換えると、日本国憲法を君主制憲法として運用した。天皇が元首ではなく象徴と規定されたことを重視する人々は吉田に批判的であり、昭和二七年（一九五二）一〇月の立太子礼に際して、吉田が皇太子に捧げる寿詞の末尾に「臣茂」と記したことも問題視した。だが、吉田は一向に気にしなかった。象徴という言葉は天皇が君主であることを否定していないと解釈したからである。実際、憲法上はどうかというと、吉田は明らかな憲法違反は犯していない。国会の解散にしても、外交儀礼にしても、国事行為として規定されている。内奏も、天皇が認証などの手続きで署名しなければならない書類がある以上、その件について説明を行うのは当然であり、頻度や内容は個人差が生じるだろうが、憲法上禁止されていると断言するのは難しい。問題は天皇が内奏の機会を利用して首相に指図がましいことをしようとする場合だが、最終的な決定権が内閣にある以上、首相が拒否すれば済むことである。

とはいえ、芦田が不本意ながら内奏を継続したように、天皇自身から受ける精神的重圧があることは否定しがたい。昭和天皇の権威は皇太子や高松宮とは比較にならないから、天皇が留位したことが日本国憲法下でも天皇の君主的性格を保持する方向への推進力となったことは確かである。

逆に、国会解散を不信任決議案可決の結果としてのみ行う慣行を政党が一致して確立するとか、内奏を必要最低限に留めるとか、天皇の君主的性格を薄めるような憲法運用を行うという選択肢もあった。昭和天皇はそのような憲法運用に抵抗しただろうが、もし退位が実現していたなら、抵抗力は微々たるものになっていたはずである。

そう考えると、やはり天皇退位問題とは戦争責任問題の枠に収まるものではなく、憲法問題でもあったということになる。

ところで、明確な違憲行為を犯さない吉田の憲法運用も、外部からの要因によって大きな障害に直面した。次の「再軍備と統帥権問題」で見るように、それが三回目の退位問題を引き起こすのである。

再軍備と統帥権問題

朝鮮戦争と日本再軍備

昭和二五年（一九五〇）六月二五日、北朝鮮軍の韓国侵攻により朝鮮戦争が勃発した。半島南東部に退却して防衛線を敷いた韓国軍を救援するため、日本占領にあたっていたアメリカ軍が出動したことで、日本は軍事的空白状態に陥った。おりしも日本共産党がコミンフォルムの指示により平和革命路線を放棄し、党幹部が地下に潜伏しており、日本の防衛が問題となった。

そこで、七月八日にマッカーサーは吉田首相に書簡を送り、アメリカ軍に代わって治安維持の任務にあたる組織の設置を指示し、日本政府は八月一〇日に政令を発して、警察予備隊を発足させることになった。英語名 National Police Reserve を和訳して警察予備隊と称したのだが、これは警察ではなく、かといって軍隊ともつかない曖昧な武装組織であった。日本ではなじみのない言葉であるが、警察軍（constabulary）という概念がある。まさに警察と軍隊の中間の性格を持つ組織のことであり、古関彰一は警察予備隊設置を指示したマッカーサーの念頭にあったのは警察軍であって、軍隊の復活ではなかったと主張している（古関彰一『「平和国家」日本の再検討』）。それに対して、増田弘はマッカーサーが当初から警察予備隊を日本陸軍再建の土台として設置させたと見ている（増田弘『自衛隊の誕生―日本の再軍備とアメリカ―』）。このように研究者の間でも見解が分かれているが、警察予備隊が日本側に再軍備と受け止められ、実際にその後の保安隊、さらには自衛隊につながったことは間違いない。このような曖昧な形にしたのは、日本国憲法第九条第二項に違反しないようにというＧＨＱの配慮である。

最高司令官としての君主

ところで、一般的に軍隊の最高司令官は国家元首であり、君主国の場合は当然ながら君主が最高司令官である。大日本帝国憲法でも天皇が陸海軍を統帥すると規定していたが、これは国際常識といってよい。以下、日本人があまり目にすることのないヨーロッパの君主制憲法の統帥権に関する条文を抜粋してみる。いずれも朝鮮戦争当時の条文である（『和訳各国憲法集』）。

スウェーデン政体書（一八〇九年制定）
第十四条　国王は、王国の軍隊の大元帥とする。
ノルウェー王国憲法（一八一四年制定）
第二十五条　国王は、王国の陸海軍の大元帥である。〔後略〕
オランダ王国憲法（一八一五年制定）
第六十一条　国王は、陸海軍に対する最高権能を有する。
ベルギー王国憲法（一八三一年改正）
第六十八条　国王は、陸海軍を指揮し、戦を宣し、講和条約、同盟条約および通商条約を締結する。
デンマーク王国憲法（一八四九年制定）
第十九条　王は、国際の案件については、王国を代表して行為する。〔中略〕王国またはデンマーク軍に加えられた武力攻撃に対する防衛のためを除くほか、王は、国会の同意を得ないで、外国に対して兵力を用いてはならない。〔後略〕
イギリスは不文憲法なので条文はないが、陸海空軍いずれもRoyalを冠しており、国王が最高司令官である。ここに列挙した国々は全て第二次世界大戦当時、議会制民主主義が確立していたが、君主と軍隊の関係は大日本帝国憲法の規定と大差ないことがわかるだろう。大日本帝国と何が違っていたのかといえば、議院内閣制と文民統制が定着していたことである。つまり、議会に責任を負う内閣が軍隊を完全な統制下に置いていれば、君主が軍隊の最高司令官であっても、何の不都合もない。大日本帝国では、軍部が統帥権の独立をタテにして内閣の統制に従わないことが多々あったばかりか、内閣が議会に責任を負うという原則が確立しなかった。それが亡国の要因となったわけである。

では、日本国憲法下において軍隊を組織する際、最高司令官は誰が務めるべきであろうか。諸外国の例に倣うなら、天皇ということになる。だが、警察予備隊は軍隊であることを公式に認められなかったこともあり、天皇とは無関係の組織として発足した。そのことで、現場のスタッフはある悩みを抱えることになった。それは何をもって組織の精神的支柱とするかという問題である。

林敬三の悩み

警察予備隊は旧陸軍との関係を否定したため、組織の幹部には主に旧内務省幹部を登用し、アメリカ軍人の指導をうけて隊員の訓練にあたった。制服組トップである初代総隊総監に就任した林敬三《はやしけいぞう》は、GHQから軍事顧問団幕僚長として警察予備隊創設に参画したコワルスキー大佐（F. Kowalski）に対して、次のような悩みを打ち明けた。

隊員の目をよく見ましたが、目に光がありません。……国民は精神の入っていない予備隊がいかにして実戦で戦えるか、予備隊は誰のために戦うのか、誰が予備隊の最高司令官であるのか、と聞いています。……帝国陸軍の軍人精神にかわる何物かがないかとずいぶん探しましたが、精神教育にかわる満足な代用品は、ないことが分かりました。……帝国軍人は、天皇陛下の御馬前で喜んで死んでいきました。しかし大佐、今は隊員に政治家のために死ねと教えるべきですか。隊員に吉田や大橋〔大橋武夫《おおはしたけお》法務総裁。警察予備隊組織担当者〕のために命を投げ出せとは、私にはどうしても言えません。（コワルスキー『日本再軍備―米軍事顧問団幕僚長の記録―』）

軍隊は一般行政機関とは性質が異なるし、軍人も公務員ではない。そもそも職務とはいえ、上官の命令で生命を投げ出すような行動規範を叩き込むためには、生命を捧げるに値するような何かが必要となる。大日本帝国においては、それは天皇であった。そのあたりの機微がわからないコワルスキーが天皇について説明を求めたのに対し、林は天皇に対する日本人の心情を次のように語った。

大佐、陛下に拝謁した際にどんな感じがするかは、日本人でないあなたにはとうてい分かりませんよ。その時の感じは、この世のこととは思えず美しいものです。陛下の前に出ると、平静と晴朗の観に打たれます。

祖国と民主主義を守る軍隊

コワルスキーによると、林の顔は熱気を帯び、眼は血走っていた。コワルスキーは、普段理知的で民族優越主義とは無縁な林が見せた、一種狂信的ともいえる天皇への心服に強い感銘を受けた。天皇に対する絶対的服従心が、戦力の劣る日本軍兵士をして強大なアメリカ軍に力戦せしめたのだとしたら、警察予備隊の精神教育にも天皇を持ち出すのが、一番確実で手っ取り早い方法であったに違いない。だが、コワルスキーは旧軍の精神教育を復活させることは断固として拒否した。

> アメリカ人は母国を愛し、その生活様式を愛し、デモクラシーを愛するがゆえに、危機が訪れればそれを守るために戦い、多数のものが死んでいった。われわれには、忠君愛国を鼓吹《こすい》するための天皇はいないが、それでも愛国精神は旺盛である。……予備隊はまだ天皇の軍隊になっていないし、永久にそうならないように希望する。

コワルスキーは、アメリカ同様に、祖国と民主主義のために戦う軍隊が日本に生まれることを願ったのである。それは吉田の考えとも一致していた。

天皇との断絶

吉田は国民が従来通り天皇を君主と仰ぎ続けることを望んだが、警察予備隊が天皇と結びつくことは許さなかった。警察予備隊の編制にあたっては軍事の専門家が必要だったので、辰巳栄一《たつみえいいち》元陸軍中将のように、吉田と親交のあった人物をブレーンとして使ったが、旧将校を幹部として登用することは避けた。

その後、編制・訓練の必要上、旧軍人の大幅な採用に踏み切らざるを得なくなるが、それでも服部卓四郎《はっとりたくしろう》元陸軍大佐のように、旧軍の体質を持ち込みそうな者は、予備隊から排除した。服部はノモンハン事件の作戦責任者として知られるが、早くからGⅡのウィロビー少将（C. A. Willoughby）に庇護され、反共陣営に参加することを想定して、再軍備の構想を練っていた人物である。

とはいえ、日本において天皇を最高司令官に戴かない軍隊が成立するなど考えられないという方が常識であった。それは国会審議によく表れている。この時期、警察予備隊の精神訓練について与野党議員からの質問が相次いだのである。

警察予備隊の精神

昭和二六年（一九五一）二月二〇日の参議院予算委員会で、社会党の山田節男《やまだせつお》（社会党分裂後は右派社会党に所属）が、大橋武夫法務総裁にその点を質した。

山　田　一体こういう警察予備隊の使命から言っても、ただ単に社会奉仕の自覚を高めるというだけでは、これは私は戦闘的な部隊にならないと思うのです。やはりその裏にはイデオロギーがなくちゃいけない。……現在の警察予備隊の訓練、殊に精神訓練上どういったようなイデオロギーの下に……やっておられるかということを具体的に一つお伺いしたい。

大　橋　警察予備隊の本来の性格から考えまして、文化国家、平和国家、民主国家としての日本の治安を全力を尽くし、全責任を持って確保するという点を主眼といたしておるのでありまして、同胞に対しまするところの国民としての感情、又この祖国に対しまするところの熱烈なる愛国心というものを基礎といたしまして、飽くまでもこの国を平和と文化、民主主義の国としてどこまでも守る、こういう点を眼目といたしまして精神的な指導をいたしておる次第でございます。

大橋はまさにコワルスキーが望んだとおりの回答をしているが、この方針でやれるかどうか、現場が懐疑的であったことは前述のとおりである。「天皇陛下のために戦う」といえば一言で済むのにというのが、幹部の本音であっただろう。このような質疑応答は、独立を迎えるまで何度か繰り返された。

同年一一月七日の国会参議院予算委員会では、第一クラブの矢嶋三義《やじまみよし》（後に左派社会党に合流）が増原恵吉《ますはらけいきち》警察予備隊長官と次のようなやりとりをした。

矢　嶋　警察予備隊精神というようなものを持っているのか、持たすべく教育をしておるのか。

増　原　予備隊の考え方の基本は、国を愛し、民族を愛するということの心持ちを中心にして行くべきものであるということを申しております。今数カ条に亘る信念、信条というものは、まだ作っておりません。

矢　嶋　曽ての日本陸海軍の軍人精神とそれは違うのか、違わないのか、違えばどういう点が違うのか。

増　原　どういう点が違うかと言われますと、誠に難しい問題でありますが……忠節は天皇に対する忠節であるというふうな点は、現在の予備隊或いは民主主義日本には当てはまらないのであります。

四日後の参議院予算委員会では、社会党の山下義信《ぎしん》（社会党分裂後は右派社会党に所属）が再軍備における天皇の位置づけについて、吉田首相に鋭く切り込んでいる。

天皇なき軍隊は可能か

山　下　例えば今後日本がいかなる自衛方式をとるといたしましても、天皇中心でなくては国民に本当の自衛意識が昂揚して来ない。又現に警察予備隊におきましても、精神的中心がないので隊規の維持にも困り、義務完遂の積極性がないと伝えられております。

吉　田　我々は天皇の御地位に対しては、憲法の精神に従って了承するということが第一、そのほか国民の間に歴史或は長年の国民精神から、自然天皇はこれまでも中心となり、将来も中心となられるものであろうと信じますが……国民の間に自然起こる国民的精神によって陛下の御地位が時と共に必ず定まるものと考えます。

山下と吉田の質疑応答の前日である一一月一二日、京都大学を訪問した天皇に対して、学生自治会である同学会が公開質問状を発した。その中に「貴方〔天皇〕が今又単独講和と再軍備の日本でかつてと同じやうな戦争イデオロギーの一つの支柱としての役割を果そうとしていることを認めざるを得ないのです」という一文がある（河西前掲書）。吉田内閣としては、警察予備隊と天皇の関係を断絶させる方針を貫いていたのだが、軍隊は必ず天皇と直結するという常識はかくも強固なものであり、思想的立場の違いを問わなかった。警察予備隊は法務局の下部組織であったが、日本が独立を回復するにあたり、独立した組織として保安庁が設置され、警察予備隊は保安隊に改組された。任務も治安維持から平和と秩序の維持に改められ、軍隊的性格が強くなったために、公職追放を解除された旧軍人を幹部に採用した。やはり素人では限界があったのである。

改憲再軍備論の登場

本格的に軍隊を再建するとなると、どうしても日本国憲法第九条第二項との抵触が問題視されることになる。再軍備反対派は「憲法違反であるから再軍備を停止せよ」と言えばよかったが、再軍備賛成派は憲法問題をどうにかしてクリアしなければならなかった。一番単純なのは、「憲法を改正して堂々と再軍備する」という主張であり、主に公職追放解除によって政界に復帰してきた政治家や、保守系野党など、吉田の政敵が論陣を張った。

与党自由党の中で再軍備論の先鋒となったのは鳩山一郎《はとやまいちろう》である。本来自由党は鳩山が結成した政党だったが、GSに嫌われた鳩山が公職追放を受け、代役として招かれたはずの吉田が自由党を乗っ取る形となった。公職追放が解除されて自由党に復帰した鳩山は、吉田路線との差別化を図る上で、改憲再軍備を大々的に主張したのである。昭和二七年（一九五二）の時点で、鳩山は再軍備と統帥権の問題について次のように述べている。

大体、現在では軍隊をこしらえる場合、その指導精神が問題だといわれている。昔のように天皇を指導精神の根源にはできない。その上敗戦による混乱で、精神の支柱が発見できない状態が四、五年つづいてきた。勿論、自由民主々義を中心にしなければならない。その方向にまとまってきてはいる。……私は憲法改正によって、また改正に至る過程にあってこの自衛精神を国民の中に貫きたいと思う。貫いた上で生れた軍隊の中には、おのずと自衛のバックボーンが通るものと信じている。（鳩山一郎『ある代議士の生活と意見』）

軍隊と天皇を切り離すという点では、鳩山と吉田は一致していた。鳩山の盟友で後に自由民主党結党の立役者となる三木武吉《みきぶきち》も同様の見解を述べている。

また国務と統帥の関係については、どこまでも国民を基礎とした議会が統帥権を掌握しなければならない。過去においては統帥権が天皇にあったが、……天皇の統帥権は単なる名目で、軍人が統帥権を掌握したから大失敗をした。……天皇個人が統帥権を持っている場合にはなお過ちがあるが、国民全体に基礎をおいている場合には、たとえ一小部分の軍人、団体が無謀な戦争をしようと思ってもできるものではない。（三木武吉「再軍備と党の責務」『日本週報』昭二七・二・一五）

鳩山も三木も、大戦翼賛会に属さず、戦時中は逼塞を余儀なくされていた自由主義者である。そのため天皇を最高司令官として戴く軍隊は認めなかったし、天皇と結びつけないことで確立できない建軍精神も、憲法改正の手続きを経た上でなら確立できると主張したのである。期せずして、彼らはコワルスキーが望んでいた結論にたどり着いていた。

改憲なき再軍備の問題点

改憲再軍備を主張する政敵たちに対して、吉田はあくまでも憲法改正を否定した。彼は共産主義への支持が広がるのを防ぐためには、国民生活を安定させることが最も効果的な対策であると考え、財政を圧迫して民政のための予算を削るような大規模な再軍備は認めなかった。はっきり軍隊と認めないことで憲法論争を回避しようとしたのだが、実質的に軍隊であることが明白である以上、建軍精神の議論を回避できなかったのは先にみたとおりである。

日本国憲法の象徴規定に沿って、吉田の曖昧さを追及した人物もいる。昭和二七年（一九五二）二月一七日の参議院予算委員会で質問に立った改進党の岩木哲夫《いわきてつお》である。

岩　木　天皇が、将来新国軍が編成される場合にはその新国軍の象徴となられますかどうか。

吉　田　いや私はそうは考えません。

岩　木　新しい軍隊でもやはり国民が構成しておるのであって、国民の象徴である場合には軍隊の象徴にも共通することがあり得ると、こう思いますが、そういうことにはなりませんか。そうすると軍隊の象徴から天皇は取り除くということになりますか。

吉　田　陛下の地位は国民の象徴であり、従って国民の一部の象徴と言われるかどうか知りませんが、憲法に規定してある地位は動かすべからざるものである。併《しか》しながらそれが故に過去における軍隊の大元帥とか何とかいう地位につかれることはないということを申し上げたいと思います。

昭和二八年（一九五三）には保安大学が発足するが、初代校長槙智雄《まきとしお》は教育方針について、「皇室については現行憲法のまま、素直に解釈して天皇を国の象徴として尊敬すればよい」と語った。

旧軍人の再軍備構想

このような政治家の主張を、専門家である旧軍人はどのように見ていたか。旧軍人の再軍備構想についての当時の報道によると、服部卓四郎元陸軍大佐は次のように述べている。

天皇は日本国及び日本国民の統合の象徴としてこれに相応しい地位を新国軍に対し保有すべきであり、従って天皇は新軍最高の栄誉を保有し、また内閣の助言と承認によ

って軍事上の国事に関する行為を行うべきである。（『社会タイムス』一二二四号）

また保科善四郎《ほしなぜんしろう》元海軍中将は、「軍の統帥権は首相に、天皇は軍隊の象徴として最高の栄誉を保有することが適当だ」と述べ、稲田正純《いなだまさずみ》元陸軍中将も「天皇は軍隊の儀礼的頭首として、首相も儀礼的には天皇に従属すべきだ」と述べている。さすがに統帥権の独立を主張してはいないが、名誉職とはいえ最高司令官には天皇を想定していた。これが当時の君主国における常識だったことは、前述のとおりである。

問題は、天皇を最高司令官にするとしても、昭和天皇その人を最高司令官として仰ぐことができるかということであった。東京裁判で戦犯として有罪判決を受けた被告は大半が軍人であり、昭和天皇は政治的理由で免訴となった。このことに割り切れない思いをする軍人は少なくなかった。彼らの中から、天皇退位を求める声が挙がることになる。

ただし、かつての南原繁《なんばらしげる》のように、正面から退位論を唱えた軍人は見あたらないので、報道によることしかできない。以下にいくつか紹介する。

再軍備論者の天皇退位論

九月に、サンフランシスコで締結される講和条約の成立を機会に、天皇は譲位すべきである、という議論が、右翼方面に起こってきている。注目すべき点は、この議論が、講和条約後、直ちに日本が当面する再軍備問題と関連して、起こってきている点である。天皇譲位論者は、何よりも先に、〝建軍の思想をどこにおくべきであるか〟と問題を提起する。……最も正しい立場に立ち得る人は、天皇をおいて、他にはない。……この場合、現在の天皇陛下は、太平洋戦争における道義的な大責任者である。……この問題は、講和条約の成立を機会に、今上陛下が、新しい天皇になられることによってのみ解決するのである、と天皇譲位論者は結論するのである。(『週刊東京リポート』昭二六・八・二六)

記事の趣旨は退位論の紹介であり、この記者自身は国民主権を定めた日本国憲法の成立によって天皇は戦争責任を取っていると主張していて、退位論には否定的である。だが、再軍備問題から天皇退位論が発生した経緯をわかりやすく伝えている。次の記事も同様である。

〔憲法〕改正論の意図するところは、再軍備の大義名分を明らかにするための「戦争放棄」の放棄。それに加えて天皇の権限強化が考えられている。再軍備に筋金を入れるための「天皇の軍隊」という思想の注入だ。こんなことから天皇退位問題がサンフランシスコ会議と前後して再び台頭してきた。再軍備の「旗」として掲げられるためには現天皇ではやはりすっきりしないものが残っている。講和を機会に一応戦争の責任について、天皇がはっきりした行動をとることが日本小帝国の再出発のためにも、万世一系の皇室永遠のためにも得策である、という考え方から、今年の一二月皇太子の成年を機会に天皇の退位を実現させようという構想。……降伏直後の退位問題のときは、高松宮が退位論の急先鋒であったが、こんどは巣鴨のA級戦犯、旧重臣が口火を切っているという話。（有山鐵雄「楽園を夢見る吉田」『改造』昭二六・一二）

巣鴨刑務所に服役する戦犯の天皇退位論については、次のような証言がある。

私は過日巣鴨プリズンにでかけ、そこの受刑者たちと逢ってきた。……その時、話が再軍備に及び、私が天皇が支柱にかつぎだされるのがこわいと述べるや、その人達は、天皇はもはや支柱たり得ないと異口同音に強調した。（大井廣介「天皇論のポイント―再軍備論の象徴―」『改造』昭二七・一二）

政界と退位論

戦犯とされて刑に服した者たちは、陸海軍大元帥でありながら戦争責任をとっていない昭和天皇を再び最高司令官と仰ぐことに、拒否反応を示した。昭和天皇が在位する限り、天皇を最高司令官とする軍隊を再建することはできないから、再軍備のために退位を求めたのである。政治家の中では、緒方竹虎《おがたたけとら》が退位論に理解を示していたと伝える記事がある。

旧軍人の一部は、天皇退位、皇太子擁立のプログラムをたて、各方面に策動しているが……この旧軍人側の動きを代表するものは、海軍においては対米協力派の野村吉三郎《のむらきちさぶろう》元大将、陸軍は最後の陸相であった下村定《しもむらさだむ》元大将で……前情報局総裁緒方竹虎、前同盟社長古野伊之助《ふるのいのすけ》等が、この一翼として、政界上層部を歩いていると噂されている。（島崎光二「退位論のニューフェイス」『中央公論』昭二七・二）

緒方と親交のあった評論家の松本重治によると、敗戦直後に緒方は天皇退位の必要を唱えていたらしい（松本重治『昭和史への一証言』）。ここに名前の挙がった人々が実際に公の場で退位論を口にすることはなかったが、昭和二六年（一九五一）暮から翌年初頭にかけて、国会の場で退位論に言及する議員の質問が相次いだ。

昭和二六年（一九五二）一一月一三日の参議院予算会議において、山下義信は先に紹介した質問の後、次のように続けている。

総理は新日本の出発に当りまして、条約の批准を待って皇太子殿下の登極を希い、輝かしき国民奮起の中心とすべきであるという有力なる説があると伝えられておりますが、こういうことに関しまして、何かお考えがございますか、承りたいと思うのでございます。

吉田は立太子礼の話を持ち出して山下をはぐらかし、まともに答えなかったが、昭和二七年（一九五二）一月三一日の衆議院予算委員会における国民民主党中曽根《なかそね》康弘《やすひろ》と吉田のやりとりは、よく知られている。

中曽根康弘の退位論

中曽根　最後に御質問を申し上げますが、それは天皇退位の問題であります。……皇太子も成年に達せられ、戦死者の遺家族たちにもあたたかい国家的感謝をささげ得ることになった今日、天皇がみずから御退位あそばされることは、遺家族その他の戦争犠牲者たちに多大の感銘を与え、天皇制の道徳的基礎を確立し、天皇制を若返らせるとともに、確固不抜のものに護持するゆえんのものであると説く者もありますが、政府の見解はこの点についてはいかなるものでありましょうか。

吉　田　日本民族の愛国心の象徴であり、日本国民が心から敬愛しておる陛下が御退位というようなことがあれば、これは国の安定を害することであります。これを希望するがごとき者は、私は非国民と思うのであります。

山下と中曽根の発言を裏返すと、皇太子が成年に達したのだから、天皇に即位しても差し支えないし、むしろその方が日本の再出発にふさわしいということになる。実際に退位を望む国民は少なくなかったのだろうが、筆者としては、どうにも東京裁判判決時と比べて退位論が昂揚していたように見えない。

天皇の軍隊を望まない声

東京裁判判決時との違いは何を要因としたのか。昭和二七年（一九五二）二月六日の参議院本会議における、左派社会党の中田吉雄《なかたよしお》の質問が手掛かりとなるだろう。

警察予備隊の精神的な支柱と天皇制との関係をお伺いいたしたいと存じます。名称はどうありましょうとも、目下進行中の地上軍は全く傭兵再軍備でありまして、その精神的な支柱を求めることは極めて困難であります。そこで国民の天皇に対しまする忠誠心を利用いたします。こういう見解があるわけであります。併し現天皇の命令によりまして戦争に動員され、国民は多くの被害を受けていますので、今の天皇ではどうにもならない。そこで天皇は、条約の発効と共に譲位をお願いし、皇太子を擁立するという立場であります。我が党は、天皇の地位は、現憲法の規定を妥当とするものでありまして、それ以上に出ずべきではないと考えております。この神格化に反対するものでありますが……政府は譲位などということは考えておられませんか。

吉田も大橋も従来通りの答弁を繰り返し、天皇の地位を変える考えのないことを答弁したが、この時期の退位論の背後に再軍備があることが、退位論を噂のレベルに留めたのではないかと筆者は考える。つまり、退位は確かに戦争責任の清算につながるだろうが、その先には新天皇を最高司令官とする再軍備が待っている。昭和天皇が在位する限り、それは実現しない。天皇の戦争責任を問う声よりも、天皇を戴く軍隊を望まないという声の方が強かったために、退位論は広がりを欠いたのではないだろうか。

講和条約発効記念式典

昭和二七年（一九五二）四月二八日、サンフランシスコ講和条約が発効し、日本は七年ぶりに独立を回復した。そして五月三日、講和条約発効記念式典における「おことば」の中で、昭和天皇は次のように発言した。

この時に当り、身寡薄《かはく》なれども、過去を顧み、世論に察し、沈思熟慮、あえて自らを励まして、負荷の重きに耐えんことを期し、日夜ただ及ばざることを恐れるのみであります。

これが昭和天皇の答えであった。引き続き天皇の務めを果たすという決意表明であり、新聞は「退位の噂を否定した」と報じた。

昭和天皇が留位したことにより、天皇を最高司令官に戴く改憲再軍備は不可能となった。

その後、昭和二九年（一九五四）の北海道行幸に際して、海上自衛隊が登舷礼《とうげんれい》を行ったのを手始めに、自衛隊の高級幹部が拝謁する慣習ができるなど、自衛隊は天皇と結びつこうとするようになる。だが、本書が刊行された平成二六年（二〇一四）現在、首相が最高司令官であるという観念も定着したようである。もはや天皇が自衛隊の最高司令官になることを望む声はあるまい。

矢部貞治の退位論

この時期、退位論を公言した数少ない知識人の一人が矢部貞治《やべていじ》である。彼は読売新聞が企画した座談会「独立日本と天皇制」（『読売新聞』昭和二六・一二・二三〜二五）で、民主主義を円滑に運用させる要素として天皇制を位置づけた上で、天皇が道徳的責任を取って退位することが、天皇制を維持するために必要であると主張した。そして、皇太子が成年に達したことで、退位は可能であると自説を補強している。

皇太子が次代の天皇制を担う存在として期待を集めるようになり、最後の退位論を惹起するのである。

御成婚の章

皇太子への期待

敗戦直後と東京裁判判決時の退位問題とは異なり、講和条約発効前後の退位問題のときは、皇太子は未成年だから云々という話にはならなかった。まさに皇太子が成年に達したためである。本章は皇太子が存在感を増していった時期を論じるが、まず皇太子がどのように成長したのかを確認しておきたい。

明仁皇太子の生い立ち

明仁皇太子は昭和八年（一九三三）一二月二三日、昭和天皇と香淳《こうじゅん》皇后の長男として生まれた。誕生の時点から次代の天皇となることが決まっていたわけだが、当然のことながら、大日本帝国憲法下の天皇となるべく教育を受けるはずであった。ところが七歳のときにアメリカとの戦争が始まり、学習院初等科在学中の皇太子の教育にも少なからず影響が及んだ。学習院行事の一環としてではあるが、軍事施設への行啓が頻繁に行われるようになった。戦局が悪化した昭和一九年（一九四四）七月には、学友と共に日光の田茂沢《たもざわ》御用邸に疎開しているが、この経験は人格形成上に大きな影響を与えたと思われる。

また、特筆すべきは、皇太子に軍隊経験がないということである。戦前の男性皇族は必ず陸海軍いずれかに任官し、公式の場では軍服を着る決まりであった。皇太子および皇太孫の場合、明治四三年（一九一〇）制定の皇族身位令により、満一〇歳で陸軍および海軍少尉に任官することになっていた。明仁皇太子も、学習院初等科入学と同時に陸軍少尉に任官するよう陸軍から要請があったが、昭和天皇がそれを許さなかった。あまり幼少のころに任官するのは、教育上好ましくないという判断だったらしい。学習院中等科に進学する昭和二一年（一九四六）四月に任官する予定だったが、それが実現する前に日本が敗戦を迎えて陸海軍が消滅し、皇太子は戦争と断絶した存在として成長することになる（瀬畑源「明仁皇太子の教育に関する一考察」）。

占領期の皇太子教育

敗戦後、皇太子は東京へ戻り、昭和二一年（一九四六）四月から学習院中等科へ進むが、同年秋からアメリカ人女性ヴァイニング（E. G. Vining）が英語の家庭教師を務めることになった。ヴァイニングは学習院で皇太子の

図10　明仁皇太子とヴァイニング

クラスの授業も担当し、クラス全員に英語のニックネームをつけ、皇太子がジミーと呼ばれることになったエピソードはよく知られている。ヴァイニングは単なる英語教師ではなく、民主主義の価値観を教えることも期待されていた。皇太子は五年間にわたり、ヴァイニングに師事することになる。敗戦後は新聞で皇太子の近況がしばしば報じられたが、天皇皇后との家庭の団欒をアピールし、次代を担う皇太子への期待を醸成しようとする記事が目立った。

また、ヴァイニングと並んで皇太子に大きな影響を与えたのが小泉《こいずみ》信三《しんぞう》である。小泉は慶応義塾塾長を務めた経済学者で、マルクス主義批判で知られていた。彼は昭和二一年（一九四六）四月に東宮職参与に就任して皇太子の教育に関わるようになり、同二四年（一九四九）二月には御教育常時参与として、皇太子教育の全権を担うことになった。小泉は週二回皇太子に授業を行い、特に福沢諭吉の『帝室論』とハロルド・ニコルソンの『ジョオジ五世伝』の講読に力を入れた。小泉がこの二冊を重視したのは、皇太子に立憲君主としての振る舞い方を身につけさせるためであったと考えられる（『岩波　天皇・皇室辞典』）。このような環境で、皇太子は日本国憲法下の民主主義に順応しつつ、皇位継承者としての自覚を備えることを期待されながら成長した。

その皇太子が成年に達したことを国民に広く周知させたのが、昭和二七年（一九五二）一一月一〇日の立太子礼である。いまだ学習院大学在学中ではあったが、今後は皇室の中で重要な公務を果たすことが期待されるようになったし、仮に昭和天皇から譲位されても、摂政をつける必要はなくなった。

皇太子の初めての外遊

皇太子の最初の大役は、昭和二八年（一九五三）三月にイギリスを始めとする欧米諸国を歴訪したことである。これは前年に父ジョージ六世の崩御を受けて即位した、エリザベス二世の戴冠式へ列席するためであった。この外遊については波多野勝の詳細な研究があるので、その教示を受けながら概略をまとめておくことにする。

イギリス外務省が日本政府に皇太子を招請したのは、昭和二七年（一九五二）九月のことである。吉田首相も宮内庁も乗り気で準備に取りかかった。日本独立後最初の駐日イギリス大使デニング（M. E. Dening）は、皇太子がパーティーの席上で困らないようにと、イギリス大使館の夕食会に招いて、テーブルマナーや英語での歓談に慣れる機会を提供した。

年が明けて昭和二八年（一九五三）に入ると、マスコミの皇太子外遊報道も熱を帯びるようになり、いよいよ三月三〇日に海路で出発した。ハワイからアメリカ本土およびカナダを経て、イギリス・フランス・スペイン・イタリア・バチカン・ベルギー・オランダ・西ドイツ・デンマーク・ノルウェー・スウェーデン・スイスを訪問し、再びイギリス・アメリカを経由して空路で帰国する約半年間の旅程である（波多野勝『明仁皇太子エリザベス女王戴冠式列席記』）。

この間、皇太子は、エリザベス二世はもちろんのこと、チャーチル首相やアメリカのニクソン副大統領などの要人と会見を重ねた。一部には反日感情の強い地域もあったが、皇太子が抗議活動に直面することはなく、おおむね行く先々で現地日本人および日系人も含めた歓迎を受けたといってよいだろう。各国とも日本との関係を再構築する第一歩として、天皇の名代で来訪した皇太子を歓待したのである。そしてその様子は日本でも報道され、皇太子がスター的な目で見られる素地を作ったともいえる。一〇月一二日に帰国した皇太子は、単位不足で学習院大学を卒業できなかったが、その顛末すら民主主義日本にふさわしいという文脈で報じられたのである。

『孤独の人』

ところが、昭和三一年（一九五六）に皇太子の級友であった藤島泰輔《ふじしまたいすけ》が、皇太子をモデルとした小説『孤独の人』を刊行すると、一転して皇太子と彼を取り囲む学習院の環境は、保守反動の象徴のように見られることになった。『孤独の人』は、華族社会の陋習《ろうしゅう》が色濃く残る学習院の中で、若者らしく自由を求める皇太子が人間性を押しつぶされる様子を描いた作品であるが、なんといっても級友が書いたものだから、全くのフィクションとは受け取られなかった。大々的な話題となって映画化されたばかりでなく、国会でも野党が質問で取り上げたほどである（『孤独の人』岩波現代文庫巻末解説〈河西秀哉執筆〉）。

一九五七年七月、イラクで王政打倒のクーデターが発生し、国王以下主だった王族が殺害された。この一報が皇居に伝えられたとき、皇太子は級友の橋本明《はしもとあきら》と紅茶を飲んでいたが、侍従からイラク国王暗殺を知らされ、顔面蒼白になってティーカップを取り落した。しばらくしてから橋本に、「きみ、きっと、これが僕の運命だね」と語ったという（『週刊文春』昭四五・三・五）。この話が事実であるなら、皇太子は日本でも体制が打倒されて皇室が廃絶の憂き目を見るというような事態が、現実に起こりうると恐れていたことになる。

そこで、読者に時代背景をご理解いただくため、独立後の日本の政治の動きを簡単にまとめておく。

勢いづく社会主義勢力

サンフランシスコ講和会議後は高い支持率を得ていた吉田内閣だったが、独立後は長期政権に国民が倦《う》み、急速に支持率が低下していった。そして公職追放を解除された保守政治家のうち、鳩山一郎ら自由党創設時のグループは自由党に復帰して党内野党的立場になり、旧進歩党在籍時に公職追放を受けた者は国民民主党に合流して改進党を結成した。どちらも改憲再軍備を声高に主張して、吉田内閣を攻撃することとなる。また、社会党はサンフランシスコ講和条約への賛否をめぐって左右に分裂していたが、社会党系の公職追放該当者は右派社会党に復帰した。

昭和二七年（一九五二）八月、吉田は前述のとおり、初めて憲法第七条に基づいて衆議院を解散した。一〇月の総選挙の結果、改進党と両派社会党が躍進して自由党は過半数割れを起こし、吉田の政権運営は苦しくなった。なお、東条内閣で商工大臣を務め、A級戦犯に指定されながら起訴を免れた岸信介《きしのぶすけ》は新党を立ち上げたが、このときの総選挙で振るわず、実弟佐藤栄作《さとうえいさく》の勧めに従って自由党に入党することになる。

昭和二八年（一九五三）三月、俗にいう「バカヤロー解散」によって吉田は衆議院を解散し、翌月の総選挙の結果、自由党はさらに議席が後退した。ただし、このときは改進党も、自由党を離党した鳩山率いる分派自由党も議席を減らし、両派社会党の躍進が目立った。やむなく鳩山に復党を求めた吉田は、交換条件として党内に憲法調査会の設置を認め、自由党と改進党は相次いで日本国憲法の改正案を発表するに至った。その内容は、国民主権や基本的人権の尊重といった日本国憲法の原則は維持しつつ、天皇の地位を象徴から元首と改め、戦力保持の権利を明記するという二点を眼目とするものであった。このような改憲案に反対する両派社会党と共産党、労働組合、知識人が憲法擁護運動を発足させることになる。もっとも、左派社会党と共産党は、将来的には社会主義革命を起こして社会主義憲法を制定することを目標としていたので、文字通りの意味で護憲勢力だったわけではない。天皇制廃止を目指していた彼らが、天皇制を定めた日本国憲法を未来永劫守っていこうと考えるはずがなかった。真の意味での護憲派は、天皇制存続を支持する右派社会党に所属し、なおかつ片山哲のように再軍備に反対した人々であったと筆者は考える。

少数与党で政権運営に苦しんだ吉田内閣だが、昭和二九年（一九五四）一一月、ついに退陣へ追い込まれた。鳩山・岸ら党内の反吉田グループが離党し、改進党および日本自由党（鳩山の復党に従わなかった集団）と合流して日本民主党を結成し、両派社会党と協力して内閣不信任決議案を提出したためである。吉田はなおも解散総選挙に勝負をかけるつもりであったが、党内が同調せず、やむなく総辞職した。日本民主党の鳩山一郎が衆議院での首班指名により念願の首相の座を獲得したが、両派社会党の協力を得る条件として、早期の解散総選挙を約束していた。

社会党統一と保守合同

昭和三〇年（一九五五）二月の総選挙で日本民主党は第一党となったものの、過半数には遠く及ばず、両派社会党がさらに議席を伸ばした。憲法第九十六条の規定により、憲法改正の発議には衆参両院で三分の二の賛成を要する。共産党その他の革新政党の議席を合わせると三分の一を超えたので、鳩山が主張する憲法改正は当面不可能となった。両派社会党は選挙前に両党の統一を申し合わせていたが、左派社会党が右派社会党を上回ったことで、統一は左派社会党を軸に推進されることになる。この状況に財界は不安を感じた。右派社会党は議会政治路線を掲げていたが、左派社会党は政権獲得後に諸制度を社会主義に適応するよう改変し、永久政権を構築すると主張していたからである。これは社会主義に反する政党や団体を認めないものと一般に解釈され、議会政治の否定であると批判された。当然のことながら、財界は保守政党を支援するものの、自由党と民主党が対峙しているために、両党候補の共倒れが多くなる。これによって社会党の議席が増える傾向にあると財界は不満を抱いた。となれば、社会主義政権を阻止するために、保守勢力を結集すべきだという結論にたどりつくのは自然な流れであった。

昭和三〇年（一九五五）一〇月、まず両派社会党が統一し、日本社会党となった。天皇制の存続を支持し、個人的にも皇室を崇敬する政治家が少なくない右派社会党と、将来の天皇制廃止を公言する政治家が少なくない左派社会党とでは、国家観に大きな差異があることは明白だった。しかし、選挙を重ねるごとに議席が伸びていく状況において、政権獲得が近づいていると判断した社会主義者たちは、国家観の違いに目をつぶって、勢力の結集を最優先したのである。統一社会党の綱領では、天皇制の問題は棚上げにされた。

社会党統一に対抗して、日本民主党と自由党も保守合同を図り、一一月に自由民主党を結成した。両党が成立したのが西暦一九五五年であることにちなんで、自民党長期政権下で社会党が野党第一党の地位を占め続けた状態を、五五年体制と呼ぶ。自民党は綱領に憲法改正を掲げたが、彼らが想定する改憲案は、かつて自由党と改進党が発表したものと同一であったと見てよいだろう。すなわち天皇元首化と戦力保有が眼目である。

鳩山から岸へ

鳩山首相は、憲法改正発議に必要な三分の二の議席を得るために、小選挙区制の導入を図ったが、これは野党が強硬に反対したばかりでなく、区割りをめぐって自民党内部が紛糾したこともあり、実現しなかった。鳩山首相は党内の指導力も弱く、日ソ国交回復を花道として、昭和三一年（一九五六）一二月に退陣した。翌年二月、後継の石橋湛山《いしばしたんざん》内閣が短命に終わった後、岸信介が首相となる。岸は憲法調査会を国会に設置して活動を開始させたが、野党が参加を拒否したため、イデオロギー対立を越えた憲法論議の場にはならなかった。

岸首相は昭和三三年（一九五八）五月の総選挙で、やや議席を後退させたものの、過半数は維持した。彼がA級戦犯だったことを知らない者はいなかったが、国民は信任を与えたのである。対する社会党は議席を伸ばして、憲法改正阻止に必要な三分の一の議席を確保したものの、思ったほどには議席が伸びなかったという自己評価から敗北宣言を行った。そこから党内対立が拡大して、翌年の西尾末広《にしおすえひろ》派離党を招くことになる。岸首相の政策は教員勤務評定、警察官職務執行法改正案、日米安全保障条約改定など、野党と正面から対決する姿勢のものが多かった。国内冷戦とも呼ばれる激しい対立の中で、皇室は戦後最大のイベントを迎えた。皇太子御成婚である。

ミッチーブーム

皇太子のお妃選び

昭和三三年（一九五八）一一月二七日、明仁皇太子と正田美智子の婚約が発表された。それに端を発したテレビや週刊誌による洪水のような大量の皇室報道が人々の熱狂的関心を集めた社会現象を、ミッチーブームと呼んでいる。念のために説明すると、ミッチーとは美智子の愛称である。ミッチーブームについては、既に多くの論評が積み重ねられてきたが、その経緯を簡単にまとめておこう。

立太子礼の後、皇太子のお妃選びが現実の課題となり、水面下で調査が始まったことは、田島道治《たじまみちじ》宮内庁長官の日記にも記されている（加藤恭子『田島道治―昭和に「奉公」した生涯―』）。田島は退官後も後任の宇佐美毅《うさみたけし》長官や小泉信三と協力して調査にあたった。関係者たちは、皇太子本人の意向を最優先することで一致しながらも、まず旧皇族・旧華族の中から候補者をリストアップしていった。従来の皇后が、この階層の出身者に限られていたからである。というより、皇族・華族という集団は天皇・皇族の配偶者供給源であることに最大の存在意義があったとみるべきだろう。とはいうものの、占領改革で皇族は直《じき》宮家《みやけ》を残して一一宮家が皇籍を離脱し、華族は制度自体を否定されて特権を失い、一般人と同等の存在になった。その多くは戦後の混乱の中で経済的に没落し、お妃候補から外れていった。また、特権階級でなくなったことにより、人間的自由を味わってしまった人々は、窮屈な皇室に嫁ぐことを忌避する向きも多く、旧皇族・旧華族を対象としたお妃選びは、次第に行き詰まっていった。そこで、昭和三一年（一九五六）頃から調査対象は旧皇族・旧華族以外の者、すなわち平民に拡大され、皇太子の意向もあって正田美智子が浮上したのである（前掲『岩波　天皇・皇室辞典』）。

ブームの要因

正田美智子は日清製粉社長令嬢であり、平民といっても富裕層出身であるから、大多数の庶民にとっては遠い世界の人であった。しかしながら、婚約発表以降、彼女が国民的人気を博したのはなぜだろうか。理由をいくつかあげることができる。

まず考えられるのは、マスコミの大々的な報道それ自体が人々の関心を集めたということである。水面下でお妃選びが進んでいた頃、マスコミも候補者への取材を行っていた。それがお妃選びの妨げになるということで、小泉信三が報道機関に働きかけ、昭和三三年（一九五八）七月にお妃選び報道の自粛協定が成立した。自粛するのは報道であって取材ではなかったから、マスコミは正田美智子が候補者であることを知っており、公表できないネタを溜め込んでいた。それが婚約発表以後一気に吐き出され、人々の耳目を奪ったのである。

次に、正田美智子本人にスター性があった。社長令嬢にして聖心女子大学卒業という学歴からくるお嬢様的イメージと、記者会見の言葉づかいでわかる品の良さ、恵まれたルックスとファッションセンスなど、人気者になる条件がそろっていた。週刊誌は争ってグラビア記事を掲載したが、特に女性週刊誌は彼女のファッションに注目し、ファッションリーダーに祭り上げた。それが若い女性の皇室に対する関心を喚起することになる（石田あゆう『ミッチーブーム』）。

そして何より、皇太子と正田美智子のなれ初めが「テニスコートの恋」として語られたこと、つまり二人の結婚が恋愛結婚であるということが、ブームを巻き起こした最大の要因であっただろう。日本国憲法第二十四条は、婚姻は両性の合意のみに基づいて成立すること、配偶者の選択は個人の自由であることを明記している。だが、戦後一〇年余を経過しても、農村部などでは、両親親戚の介入を乗り越えて恋愛結婚をすることは、依然として難しかった（藤原弘達『現代日本の政治意識』）。恋愛結婚にあこがれる若い世代にとっては、皇太子が率先して範を示したようなものであり、逆に年配の世代にとっては、必ずしも歓迎できないことであったといえる。いずれにしても、皇室の慶事として、国民の大多数が皇太子御成婚に祝意を表したことは間違いない。ミッチーブームに眉をひそめる者もいたが、彼らの声は国民的熱狂の前にかき消されがちであった。

大衆天皇制

ミッチーブームを天皇制変革の画期として位置づけたことで知られるのが、政治学者松下圭一である。彼は「大衆天皇制」という用語を創り出し、かつての絶対的天皇制に替わり、大衆の同意を基盤とする新しい形態をとって、天皇制がよみがえりつつあると指摘した（松下圭一「大衆天皇制論」『中央公論』昭三四・四）。松下は続編の論文で、「天皇制への抵抗は、まず日常の生活関係を「共和国」として再構成することからはじまるだろう」と述べており、むしろ天皇制に反対する立場から、警鐘を鳴らす意図で「大衆天皇制」の語を使用している（松下圭一「続大衆天皇制論」『中央公論』昭三四・八)。

もっとも、本書でこれまで見てきたように、日本国憲法施行後、第一条を根拠として、「天皇制は国民の総意に基づくのだから、天皇制の問題は国民の意思に沿って解決されるべきである」という論理が提示されていた。大衆の同意を支持基盤とする天皇制への転換は、日本国憲法がもたらした必然的帰結である。

恋愛結婚の是非

さて昭和三四年(一九五九)二月六日、衆議院内閣委員会で皇太子御成婚に関する質問が二つ出た。まず自民党の平井義一《ひらいぎいち》の質問から見てみよう。平井が問題視したのは、正田美智子その人ではなく、皇太子が恋愛結婚をするということであった。

平　井　私は決してこの御結婚に反対をするものではありませんけれども、要するに、もしも皇太子殿下、天皇が民族の象徴とするならば、国民の声によって――いろいろお相手を探したけれどもなかった、民間からぜひもらっていただきたいとあなたから進言をされて御結婚あそばすならば、これは民族の声である、ほんとうに国民の声でありますから、私は大歓迎でございますが、もしも伝え聞くように、皇太子殿下が軽井沢のテニス・コートで見そめて、自分がいいというようなことを言うたならば、ここにおられる代議士さんの子供と変りない。私の子供と変りない。これが果して民族の象徴と言い得るかどうか私は知りませんが、あなたから進言をされたものか、皇太子殿下が自分で見そめられたものか、この点をお尋ねしたい。

宇佐美　殿下御自身の御性格も非常に慎重な方でございまして、御自身の義務というようなことにつきましては、はっきりとお考えをお持ちになっている方でございます。今回の御内定になりました方につきまして、世上で一昨年あたりから軽井沢で恋愛が始まったというようなことが伝えられますが、その事実は全くございません。……昨年の春ごろからいよいよ何人かの候補者をしぼって御相談申し上げ、そのうちからわれわれも御推薦申し上げ、殿下も冷静な観察をなさって御決心になったわけでございます。世上伝わるようなうわついた御態度というものは、私どもは実際において全然お認めすることはできません。むしろ非常に老成された考え方を持って注意深く進められたのでありまして、このことはあの当時の発表後におきましても私どもは外に向ってもはっきり申しております。

平井は、皇太子が一般人と変わりない存在になってしまったら、民族の象徴として尊敬されなくなると主張し、婚約の立役者である小泉信三東宮御教育常時参与の罷免を要求した。宇佐美宮内庁長官の答弁は、そのような保守派の懸念に配慮したものであったが、小泉の罷免は拒否した。平井の懸念は、皇太子御成婚が天皇制にとっていかに画期的なイベントであったかを逆に物語っている。いわば人間天皇路線の集大成であり、だからこそ平井のような保守派は反発を示したのである。彼らにとって、人間天皇は天皇本来のあり方ではなかった。

図11　受田新吉（受田新吉『白道をゆく』）

受田新吉の退位論

反対に、御成婚を歓迎する側からの質問を見てみる。質問者は社会党の受田新吉《うけだしんきち》である。受田は明治四三年（一九一〇）生まれ、小学校教員から師範学校に進み、さらに大学に進学したという苦労人で、昭和二二年（一九四七）の総選挙で初当選した。日本教職員組合の結成に関わっているが、彼自身は徹底した反共主義者であり、社会党では右派に属していた。後に西尾末広と共に離党し、民主社会党（昭和四四年〈一九六九〉一一月、民社党に改称）結成に参加することになる。

受田は日本国憲法の定める天皇制への支持を明言した上で、人間天皇にも基本的人権が守られなければならないと前置きしながら、次のような発言をした。

一例をあげますが、天皇はいつまでも天皇の御地位におられなければならないということになると、非常に窮屈なお感じをなさることもあろうと思うのです。従って、たとえば皇太子が成年に達せられ、あるいは御結婚をされる。そして十分後継者として天皇の地位を守ってもらえるということになり、また天皇御自身も、一般でいうならば定年退職に当られるくらいの年配になられる、こういうことになるならば、天皇の御退位の自由ということが一応認められていいのではないかと思うのでございますが、この問題は、宮内庁としては、また法制局としては、どういう御見解を持っておられましょうか。

林修三《はやししゅうぞう》内閣法制局長官は、幣原内閣のときの国会質疑を引き合いに出して、退位を認めることは望ましくないと答弁したが、受田はなおも主張した。

当時〔皇室典範制定時〕は天皇のお立場が戦犯としての批判を受けようとされたり、

戦争責任が追及されたりという渦中にあられた。しかし今日はようやく世界の情勢も落ちついてきたし、日本の復興もほぼでき上ってきたという段階になって、しかも世継ぎになられる皇太子が御結婚されるという段階になられるということになるならば、もうそうした戦犯論議とかその他の戦争責任問題を乗り越えた新しい段階にきて、この問題を考えなければならぬ時期にきておると思う。

ここで受田が主張しているのは、仮に天皇が退位しても、戦争責任問題から天皇制が動揺するような事態にはならないということ、そして皇太子が一人前になったので、天皇の務めを果たしうるということである。つまり、退位は実現可能な状態になったという見立てであった。

新生日本のアピール

もちろん、退位できるということと、退位すべきであるということは別問題である。受田は三月五日の衆議院内閣委員会で、元号法制化について質問を行ったが、その発言に退位論の真意を見出すことができる。

現在元号を規定する法律的根拠がない。前の皇室典範には一世一元制があって、明治元年の例にならうという規定が一つあった。それが今ないということになると、天皇が皇太子の御結婚になる昭和三十四年四月十日を契機として元号を変えて、日本を民主的な生まれ変った国ということにしようという御意思を持たれて、国民もまたそう考える場合には元号を変えることが可能であるかどうか、これを御答弁願いたいのです。

受田は元号法制化をライフワークのように考えていたらしく、この年以降も毎年国会質問で取り上げているが、以上の質問をまとめると、受田の主張は以下のように整理できるだろう。すなわち、日本が民主的な国に生まれ変わったことを内外に示すために、天皇が皇太子に譲位するか、せめて元号を変えるべきである。

日本国憲法にふさわしい天皇

昭和という元号と昭和天皇の在位は、大日本帝国からの継続性を色濃く映し出している。だが、それらが変われば、日本が全く新しい国に生まれ変わったことをアピールできるのではないかという発想は、戦後の民主化を歓迎しつつ革命までは望まないという人々にとっては、自然なものであったと思われる。そのような意味で、退位論を国会で主張した受田が民主社会党結成に参加したことは示唆的である。昭和三五年（一九六〇）一月の民主社会党結成に際して作成された綱領は、天皇制に言及していない。これを読んだ松岡英夫《まつおかひでお》毎日新聞論説委員は、「天皇制についてちっとも触れていない。今の憲法でおそらく満足しているのだろう」と評した。

受田のような民主社会党に参加した人々は、イギリスの労働党政権を目指すべきモデルとしていた。つまり、議会政治の枠内での穏健な社会主義の実現である。ゆえに、政治的自由を大幅に拡大した日本国憲法を歓迎したし、天皇の象徴規定を肯定する一方で、天皇制の廃止などは全く考えていなかった。日本国憲法下の天皇制を最も積極的に肯定した政治勢力であったといってよい。彼らにとって、大日本帝国の影を背負う昭和天皇よりも、日本国憲法下で新たに即位した天皇の方が望ましかったのである。

大衆の戦争責任観

大衆週刊誌の中にも、そのような世論の空気を敏感に読み取ったものがあった。『週刊新潮』は、むしろミッチーブームに批判的なスタンスであったが、天皇退位論の特集記事を組んでいる。それによると、東大学生の間で天皇退位をめぐる論戦が交わされ、保守的学生が天皇退位を主張し、進歩的学生（社会主義支持派）が反対した。反対の理由は、「皇太子が天皇になれば、それこそ新しい天皇制をますます強固にするだけじゃないか」というものである（『週刊新潮』昭三三・一二・二九）。どちらも昭和天皇の在位が続くより、皇太子が即位した方が天皇制は安泰になるとみているわけだが、その理由はやはり戦争責任の清算にあった。同記事は昭和三三年（一九五八）に放送されて大きな反響を呼んだテレビドラマ『私は貝になりたい』と、翌年一月上映予定の映画『大東亜戦争と国際裁判』を引き合いに出して、昭和天皇が戦争責任を取っていないことを指摘している。

『私は貝になりたい』は、理髪師の主人公が出征中に上官から捕虜の処刑を命じられ、それが元で復員後に戦犯として逮捕・訴追され、死刑判決を受けるという内容のドラマである。裁判のシーンで主人公は、上官の命令は天皇の命令だから逆らえなかったと陳述するが、命令を理由に主人公が免責されることはなかった。それならば命令を下した人物の責任はどうなるのか、という疑問が浮かんでくるのは当然であろう。立憲君主制に従っただけなので天皇に戦争責任はないという論理は、上官の命令に従ったことで処刑される主人公を納得させることができたのであろうか。

『大東亜戦争と国際裁判』は史実を再現した映画であるが、東京裁判のシーンで、天皇の戦争責任をめぐって、東条英機とキーナン検事の間で緊張感のあるやりとりが交わされる。東条は、日本国民は全て天皇の命令に従うと発言したのだが、それでは戦争も天皇の命令ということになってしまうので、天皇を免責する方針でいたキーナンは、東条に「自分の内閣が天皇の意思に反して戦争を行った」と言わせようとするのである。

明るい退位

同記事は、国民の間に天皇の戦争責任をめぐってすっきりしないものがあることを指摘しながら、皇太子御成婚を機とする退位論は、「明るい退位」であるところに特色があると述べる。「皇太子も結婚して一人前になったのだから、後は若い世代に任せてのんびり余生をお過ごしください」という論理なら、天皇を傷つけることなく穏便に退場させられる。まさに受田の口上と重なるが、糾弾でないだけ、論理的な鋭さを欠いているといえるかもしれない。御成婚がらみの退位論に、出所のはっきりしたものが少ない所以《ゆえん》であろう。

だが、退位論自体は間違いなく存在した。正田美智子が皇太子妃最有力候補であることを日本の報道機関に先んじてスクープした『ニューズウィーク』は、退位問題再燃についても遠慮なく報道している。

降伏直後に退位を望んでいた裕仁天皇は、またも真剣に退位を考えている。いつ？　明仁皇太子とその婚約者正田美智子が結婚して落ち着いた後、一九六〇年のある時期に。なぜ？　関係者が言うには、裕仁は第二次世界大戦を汚点と感じており、明仁と彼の平民の嫁が日本にとって新しい、強固な平和の象徴を創り出すと信じているからである。(*Newsweek* February, 23, 1959)

『ニューズウィーク』の報道については、自民党の野田卯一《のだういち》が三月二六日の衆議院予算委員会で取り上げ、このような報道がされるに至った事情について説明を求めている。答弁にあたった岸信介首相は、退位は考えられないと答弁したが、A級戦犯であった彼としても、退位論は都合が悪かったであろう。岸が商工大臣を務めた東条英機内閣の決定に従って、昭和天皇は宣戦の詔書を下したのである。立憲君主制に従っただけの天皇が責任を取って退位するとなれば、輔弼《ほひつ》責任を有する岸が政治家を続けていられたであろうか。ともあれ、御成婚を機に昭和天皇は引退した方がいいのではないかという退位論が、国民の間でささやかれていた。

最後の機会

おりしも皇居移転論および皇居開放論が持ち上がっていた。皇居移転論は、「城の中に天皇が住んでいるのはよろしくないから京都にでも移るべき」というもので、これは国事行為がある以上、現実的ではなかった。皇居開放論は、「皇居の一部を公園化して皇室と国民の距離を縮めるべき」というもので、こちらは宮内庁も理解を示していた（河西前掲書）。

これに天皇退位が加われば、日本国憲法下の新しい皇室を内外にアピールすることになったであろうが、結局実現しなかった。今回も、政権を担当する保守勢力は、大勢として退位を望まなかったのである。岸が首相であったこともあるだろうが、平井義一のように皇太子の恋愛結婚を歓迎しないような価値観の人々が、保守勢力内部には案外多かったのかもしれない。つまり、退位論の裏返しで、天皇制が大日本帝国憲法と完全に決別して、日本国憲法に適応しきってしまうことに抵抗があったのではないだろうか。

皇太子御成婚を最後に、天皇退位論が国民の関心を集めることはなかった。

昭和の桎梏

安保闘争

昭和三五年（一九六〇）上半期は、新日米安全保障条約批准をめぐる与野党全面対決と、国会議事堂を取り囲んだ労組・学生による反対運動の渦で明け暮れた。新条約は旧条約に比べると、日本にとって条件が良くなっていることは明らかだったが、衆議院で自民党が単独採決を行ってから、反対運動は日ごとに激しさを増していき、岸首相は参議院での自然承認を待って退陣を表明した。すると、反対運動は潮を引くように沈静化した。

新条約に自信を持っていた岸首相は、国会審議の前に総選挙で国民に信を問うていれば勝利は間違いなしで、騒乱も起きなかっただろうと後年悔やんでいるが（原彬久『岸信介証言録』）、反対運動は安保改定そのものよりも、むしろ岸その人に向けられたものだったのではないだろうか。Ａ級戦犯でありながら裁判を免れ、釈放後にとんとん拍子で保守勢力の実力者として頭角を現し、ついには首相にまで上り詰めた、岸の来歴自体に不信と反感が集まったのである。社会党の岡田春夫《おかだはるお》も、岸が戦犯であったから、戦争の準備をしているという理解が国民に受け入れられやすかったと語っている（原前掲書）。岸は最低賃金法制定や国民年金創設など、セーフティーネットの政策に力を入れており、三年間という短い在任期間のわりには評価すべきものがあるが、安保改定をめぐるマイナスのイメージで記憶されているのは否めない。

岸信介の贖罪意識

では、当の本人は戦争責任に無頓着だったかといえば、そんなことはなかった。岸は自身の戦争責任について、次のように述べている。

一つの道として一切政治をせずに一種の隠棲生活といいますか、世間と交渉のない、いわば自分のやったことの懺悔の生活に入ろうかという気持ちを持ったこともあります。しかしもう一方では、そうじゃない、これだけ日本を不幸な状態にしたことについては指導者の一人として責任があるんだから、やはりその償いとして日本の再建に努力すべきだとも考えた。この二つのどちらを自分が選ぶかということについてある期間悩んだことがあるんです。巣鴨を出る頃には、結局自分は政界に出て政治の上で日本の立て直しを考えるべきだという気持……。（原前掲書）

つまり自分が負っているのは、開戦責任ではなく敗戦責任であると総括しているわけだが、結果として岸は位人臣《くらいじんしん》を極め、恵まれた老後を過ごした。戦争で肉親や財産を失った人々は、岸が自分たちを苦しめた責任を取ったと認めただろうか。確かに選挙で民主的に権力を握ったのだから、法的には何ら問題はない。政治家として有能だったのも事実である。だが、それでも釈然としないのは筆者だけだろうか。

そして、岸の思索は昭和天皇とも重なっている。日本再建に尽くすことが責任を果たすことになるという論理である。昭和二一年（一九四六）三月の時点で鈴木一主殿頭が作成した文書では、天皇と人民とでは責任の取り方が違うと主張していた。だが、岸は一般人の身でありながら、天皇と同じような責任の取り方を選んだのである。これでは、誰も責任を取るために、辞任や引退をする必要はないことになる。職務を継続することが、責任を取ることになるというのだから。

象徴天皇制の定着

岸の後を受けた池田勇人《いけだはやと》首相は、与野党が全面対決するようなテーマを回避し、経済成長に国民の目を向けることで、自民党政権の安定化に成功した。自民党結党時に掲げた自主憲法制定という目標は脇へ追いやられ、内閣憲法調査会は憲法改正を不要とする結論を下したのである。それは日本国憲法の定める天皇制の定着を意味していた。実際、「象徴天皇」という言葉が池田内閣期に定着を見ることになる。元来、「象徴天皇」とは元首でない天皇という文脈で憲法学者が使い始めた言葉であり、だからこそ改憲派保守勢力は憲法を改正して天皇を元首と規定することを主張していたのだが、彼らは象徴を元首と解釈することで、「象徴天皇」を受け入れたのである（拙著『象徴天皇制の形成と定着』）。

かくして日本国憲法下の「象徴天皇制」が定着したわけだが、当の天皇が大日本帝国憲法下から続投したことは、戦前戦後の断絶性よりも継続性を強調したといえる。その影響はプラスとマイナスのどちらが大きかったであろうか。

「風流夢譚」事件

昭和三五年（一九六〇）一一月に発売された『中央公論』一二月号に、深沢七郎《ふかざわしちろう》の小説「風流夢譚《ふうりゅうむたん》」が掲載された。作中で主人公が見た夢の中で、革命が起こって暴徒が皇居に乱入し、天皇皇后および皇太子夫妻が斬首されるという描写がある。それが元で右翼団体が中央公論社に脅迫混じりの抗議活動を行い、翌年二月に右翼の少年が社長宅に侵入して夫人に怪我を負わせ、家政婦を殺害するという事件が起きた。俗に「風流夢譚」事件と呼ばれている（根津朝彦『戦後『中央公論』と「風流夢譚」事件―「論壇」・編集者の思想史―』）。事件の詳細は他の研究に譲るが、ここで考えてみたいのは、作中に登場する昭憲《しょうけん》皇后（明治天皇の皇后）と主人公の会話である。

なぜか甲州弁を話す昭憲皇后は、「無条件降伏して、いのちをたすけてやったのはみんなうちのヒロヒトのおかげだぞ」と叫び、革命を起こした日本国民を恩知らずと罵倒する。それに対して腹を立てた主人公は昭憲皇后を殴るのだが、昭和天皇が戦争を終結させたとする政府の公式見解が、広く人口に膾炙《かいしゃ》していたことがわかるやりとりである。それに対して主人公が、「終戦になって命が救かったのは、降伏するようにまわりの人だちが騙《だま》すようにてめえの息子にそういうことを教えてやったのだぞ」と言い返すのも、わかりやすい流れといえる。しかし、もしも昭和天皇に替わって明仁皇太子が即位していたなら、深沢七郎はこの場面を創作したであろうか。どのみち皇太子夫妻は革命勢力によって斬首されたかもしれないが、戦争責任云々の話は出なかったと思われる。「てめえだちはヒトの稼いだゼニで栄養《ママ》栄華をして」と、君主制批判の文脈だけで、主人公は皇太子夫妻に罵声を浴びせたのではないだろうか。昭和天皇が在位していればこそ、戦争責任は皇室にとって最大の弱点であり続けたのである。

皇室外交

現実の皇太子夫妻は、昭和三五年（一九六〇）九月二二日から一〇月一〇日までの日程でアメリカを訪問した。これは当初新安保条約批准後に予定されていたアイゼンハワー大統領の訪日が、安保改定をめぐる騒乱によって、大統領の安全が保障できないということから中止となり、これによって傷ついた日米関係を修復するために、急遽調整されたものであった。皇太子としてはエリザベス二世戴冠式参列以来の外遊であり、これを皮切りに、皇太子夫妻は毎年のように外遊を繰り返すことになる。当時、天皇皇后の外遊は前例がなかったので、皇太子は天皇の名代《みょうだい》として外遊を行い、相手国にもそのように認識された（前掲拙著）。おおむね皇太子夫妻は行く先々で歓迎を受けたが、仮に天皇皇后が外遊していたら、どうなっていただろうか。

よみがえる戦争の記憶

その答えは史実が明らかにしている。昭和四六年（一九七一）九月から一〇月にかけて、昭和天皇と香淳皇后はヨーロッパを歴訪した。そしてイギリスとオランダで元日本軍捕虜の抗議運動に直面し、イギリスでは昭和天皇が記念に植えた木が一晩で切り倒された。この事件は日本国民に、昭和天皇が海外でどのように見られているかを思い知らせた（舟橋正真「佐藤栄作内閣期の昭和天皇「皇室外交」―一九七一年訪欧の政策決定過程を中心に―」河西秀哉編『戦後史のなかの象徴天皇制』）。

翌年一月、グアム島で日本兵横井《よこい》庄一《しょういち》が発見され、二月に帰国した。横井は日本の降伏を知らず、実に二八年間密林で潜伏生活を送っていたのである。日本国民は兵士に捕虜となることを禁じていた旧日本軍の苛烈さを再認識したが、その命令がかくも強制力を発揮したのは、それが天皇の命令として兵士に下されたからに他ならない。

昭和五〇年（一九七五）には小野田寛郎《おのだひろお》がルバング島で発見された。小野田は横井と異なり、上官からゲリラ活動を命じられて残留したので戦闘を継続していたというべきだが、当時の日本国民は戦争の悲劇と受け止めた。同年、昭和天皇がアメリカ訪問に先立つ記者会見で、先の大戦を「深い悲しみ」と表現してアメリカ国民向けに謝罪しながら、原爆投下については「やむをえなかった」と発言して物議をかもした。また、歴史家井上清《いのうえきよし》が『天皇の戦争責任』を刊行し、次第に昭和天皇個人の戦争責任が議論の対象となっていく。もちろん、「天皇に戦争責任なし」とする日本政府の公式見解が変わることはなかったし、その立場に立った著述を発表する者も少なくなかった。しかし、昭和天皇が注目を集めるにつれて、皇太子夫妻は存在感が薄れていった。この頃、皇太子の人気のなさが週刊誌で取り上げられていたくらいである（前掲『週刊文春』昭五〇・三・五）。

昭和五三年（一九七八）一〇月、鄧小平中華人民共和国副首相が前年調印された日中平和友好条約批准書交換のため来日した。国賓であるため昭和天皇との会見が組まれたが、このとき昭和天皇は日中戦争について遺憾の意を示したとされる。さらに昭和五九年（一九八四）九月には全斗煥韓国大統領が来日し、やはり晩餐会で昭和天皇が植民地支配を謝罪した。前述のとおり、昭和天皇としては昭和二七年（一九五二）の張群中華民国特使への対応を踏襲したのであろうが、当事者である以上、何もコメントしないでは済まされなかったに違いない。これが当事者ではない明仁皇太子であったら、象徴天皇が政治的発言をすることが憲法上許されるのかという議論が、天皇は元首でないと主張する憲法学者から提起されたはずである。昭和天皇の存在が、天皇による謝罪の前例を作ったといえる。

昭和の終焉

昭和五〇年代に入り、昭和天皇の体力の衰えが目立ってくると、老齢を理由とした退位論がささやかれ始めた。だが、以前の退位論のように、国民の間で大きな広がりをみせることはなかった。昭和天皇は老躯に鞭打つように公務を遂行し続け、特に祭祀にはこだわりが見られた（原武史『昭和天皇』）。史上最長在位記録が更新される一方、明仁皇太子は史上最高齢の皇太子という立場に甘んじ続けた。

昭和六二年（一九八七）夏、昭和天皇は体調不良で何度も倒れ、診断の結果膵臓癌とわかり、九月二二日に天皇としては史上初めて外科手術を受けた。公式発表では病名を慢性膵炎としたが、これは本人への癌告知を避けるための配慮である。手術は成功したものの、もはや以前のような健康体には戻りえなかった。そして翌年九月一七日、昭和天皇はまたしても大量の吐血で倒れて宮内庁病院に入院し、一一月下旬以降は昏睡状態に陥った。昭和の終わりがいよいよ迫ってきたことを誰もが認めざるをえなくなり、日本中で歌舞音曲の自粛とお見舞いの記帳がブームとなったが、全身の血液が入れ替わるほどの大量の輸血により、昭和天皇は昏睡状態のまま年を越した。昭和五四年（一九七九）制定の元号法により、代替わりとなれば元号が変わることになっていたので、カレンダー業者はやきもきしたが、昭和六四年（一九八九）と記載されたカレンダーは予定どおり流通し、使用されることになった。

しかし、昭和六四年は一週間しか続かなかった。一月七日朝、昭和天皇崩御により、即日明仁皇太子が天皇に即位し、翌日から平成元年が始まったのである。前年一二月二三日に五五歳の誕生日を迎えていた新天皇の在位期間が、先代に遠く及ばないであろうことは、自明の理であった。

長すぎた昭和——エピローグ

清算されなかった戦争責任

昭和天皇崩御の報は世界的ニュースであった。そして、日本国民は外国の報道を見ることによって、昭和天皇がどのような人物として国際社会に認識されていたかを再確認したのである。各国のニュースは、第二次世界大戦の枢軸国指導者最後の生き残りが死去したと伝えるものが大部分であり、昭和天皇が日本社会に安定をもたらし、日本が経済大国になる上で大きな役割を果たしたと評価するものは稀であったといえる（『海外報道にみる昭和天皇』『法学セミナー増刊四四　検証・天皇報道』）。

日本国内でも、昭和天皇の戦争責任をめぐる議論が病状の進行とともに活性化していた。

昭和六三年（一九八八）一二月、本島等《もとしまひとし》長崎市長が市議会の質疑において、「天皇には戦争責任があったと思う」という旨の答弁を行ったことから、嫌がらせが相次ぐようになり、平成二年（一九九〇）一月に右翼の活動家が市長を狙撃するという事件が発生したことは、長く記憶されるべきである。昭和天皇を賞賛する人々が、いくら戦後日本の繁栄の立役者として持ち上げようとも、昭和の最初の二〇年につきまとう戦争の影は払拭しようがなかった。ましてや、外国の人々にとっては、昭和天皇が大日本帝国に君臨したという事実が全てであった。戦後日本が平和の中で繁栄したからといって、日本人以外にとっては、驚愕ないし羨望の対象ではあっても、べつに喜ぶべきことではない。

図12　内奏の様子（平成25年10月）

戦争責任を自覚しながら、それでも昭和天皇が在位を選択した理由の一つとして、立憲君主としての役割を果たす意思があったのではないかと本書で推測した。その役割は、未成年の皇太子や信頼するに足りない高松宮に任せられるようなものでなかったことは確かだが、だからといって、いつまでも代替わりをしないわけにもいかない。昭和三六年（一九六一）に始まった全国の知事による天皇への報告には皇太子が同席したし、池田勇人首相は皇太子への内奏を行っている（前掲拙著）。昭和天皇が還暦を迎えたことから、代替わりを意識して、立憲君主としての役割を引き継ぐ体制を整えたのであろう。実際、内奏の慣習は代替わりしてからも続くことになる（後藤前掲書）。この時点で代替わりしても支障はなかったと筆者は考える。昭和天皇自身、同世代の平均寿命から考えても、さらに三〇年近く在位することになるとは予想していなかったに違いない。

「昭和」からの解放

昭和天皇とは対照的に、新たに即位した明仁皇太子改め明仁天皇に諸外国から辛辣な批判が向けられることは、ほとんどなかった。代替わりしたばかりということもあるが、これといって批判すべき点がないからである。特に、戦争責任を負っていないということは、最大の強みであった。

逆に言うと、代替わりによって、日本国民は戦争の負い目を感じることが少なくなったともいえる。昭和四〇年代以降は、日本国憲法改正を声高に主張する向きはほとんどなかった。自民党自体が憲法改正の主張を引っ込めてしまったからであるが、平成に入ってからは、憲法改正が大々的に議論されるようになった。その契機となったのは、平成六年

（一九九四）に読売新聞社が憲法改正案を発表したことであると思われる。日本国憲法の中で改憲派が特に注目していた第一条の象徴規定と第九条の戦争放棄が、昭和天皇の保身の代償であったことを考えると、代替わりとともにその桎梏が解かれたことで、憲法改正論議が制限されなくなったのは自然なことといえよう。

日本国憲法に大日本帝国憲法の影を落とすことになった昭和天皇の存在は、皮肉な話ではあるが、日本国憲法の改正を封じる最大の要因でもあった。このねじれを解消する方法は、昭和天皇が退位し、新天皇が即位して仕切り直す以外になかったと思われる。そしてその機会は、日本国憲法成立後に少なくとも三回（東京裁判判決時、サンフランシスコ講和条約発効時、皇太子御成婚時）はあった。しかし、日本国民はついに明確な結論を出すことができなかったのである。天皇退位論は着地点を見つけることのないまま、うやむやのうちにゆくえをくらましてしまった。

だが、天皇退位論の問いかけに答えを出さなかったことは、見えざる枷となって日本国民を拘束した。戦争責任を清算していない昭和天皇が君臨することで、国の内外にしこりを残し、日本国民は昭和が終わるまで憲法論議を制限される不健全な状況に置かれたといえる。

昭和は長過ぎた。平成はもっと早くに始まるべきだったのではないだろうか。

あとがき

昭和最後の日については、今でも鮮明に記憶が残っている。当時私は中学生で、早朝にラジオの英語講座を聴くことを日課にしていた。その日も布団の中にいたままラジオをつけたが、放送が開始して間もなく、チャイムが鳴って臨時ニュースが流れ、天皇が危篤状態になったという宮内庁の発表を告げた。もちろん番組は中止である。私はたちまち眠気が吹っ飛んで、自室から台所に直行して母にそのニュースを伝えた。そして、朝食を終えるとテレビの前に張り付いた。八時前に崩御が発表され、テレビには「天皇陛下崩御」という特大の字幕が流れた。

その日一日、テレビはＮＨＫ教育以外、全てのチャンネルがＣＭ抜きで昭和天皇追悼の特別番組を流した。キャスターや芸能人が喪服姿で天皇を偲んでいたが、背景に巨大な天皇の遺影が飾られているのを見て、「いつ用意したんだろう」と不思議に思ったのを覚えている。後から考えてみれば、前年秋に入院してから昏睡状態が続いていたので、準備期間は十分だったわけだが、「入院患者が死んだときの用意をするなんて不謹慎だ」という一般人の感覚で考えてしまった。むしろ準備をしない方が、関係者にとっては無責任な態度なのだと、今は理解している。

弔意を示す記帳に人々が殺到する一方で、レンタルビデオショップが大繁盛したことは、当時から知られていた。テレビ局が力を入れて制作したであろう特別追悼番組だったが、どの局も代わり映えしないということで、視聴者からはそっぽを向かれたのである。昭和天皇の入院後、連日のご病状報道と歌舞音曲の自粛ムードが日本列島を覆っており、口には出さないものの、いつ晴れるとも知れない陰鬱な空気に国民はストレスが溜まっていたのだろう。天皇崩御はある意味、抑圧からの解放であった。

初めて経験する天皇の代替わりで、特に印象的だったのは、新元号が「平成」に決まったという公式発表である。今は亡き小渕恵三官房長官（当時）が「平成」と書かれた色紙を掲げた記者会見を見て、とてつもない違和感を覚えた。西暦と昭和で年を数えてきた身としては、「明日から平成」といわれてもピンとこなかったし、「定着するわけがない」という反発にも似た気持ちがあった。翌日の朝刊に「一九八九年（平成元年）一月八日」と表記されているのを見て、何ともいえない複雑な気持ちがした。昭和のうちに物心がついていた世代には多かれ少なかれ共通すると思うが、自分が一気に旧世代の人間に区分されてしまったような、寂寥感にも似た感情に覆われたのだと今にして思う。

天皇の憲法上の役割などろくに考えたこともない中学生の私だったが、新たに即位した明仁天皇に対して、悪感情こそなかったものの、「本当に新しい天皇でやっていけるのだろうか」という漠然とした思いを抱いた。端的にいって、重みがないという印象だった。平成五年（一九九三）には、昭和天皇を崇拝する人々の間で明仁天皇と美智子皇后に対するバッシングが起こったが、二〇年余を経過した今日、保守派の論客が天皇皇后をやたら賞賛し、返す刀で徳仁皇太子と雅子妃を批判しているのを見ると、ある種の既視感を覚える。結局、誰にでもルーキーの時代はあるのであり、前任者が長く現役を務めるほどに、後任者は割を食ってしまう。

吉川弘文館から本書の執筆依頼をいただいたのは、平成二三年（二〇一一）三月のことだった。研究書として前著を刊行した後、一〇年以内に二冊目を出せればと思っていたが、予想外に早くその機会がめぐってきた。学界の研究成果を社会に還元するためにも、研究者は積極的に一般書を執筆すべきだと常々考えていたので、願ってもないことと即諾した。

前著を一般書として書き直す作業は、さほど労力を要しないと楽観していた。ところが、実際に取り組んでみると、一般書ならではの難しさに直面することになった。

たとえば自由民主党の結党過程などは、日本近現代史の研究者なら誰でも知っていることだが、一般の読者にとってはなじみのない話である。五五年体制というような基本的な用語すら、時間の経過とともに認知度が低下の一途をたどるのは間違いない。これくらいは誰でも知っているだろうという前提で作った本は通用しないということは、出版業に従事したことのない私でもわかる。少しでも本書の寿命を延ばすためにも、そのような予備知識の説明にどの程度紙幅を割けばよいのか、さじ加減に迷って筆が滞りがちになった。何とか刊行にこぎつけたが、果たしてちょうどよいバランスになっているかどうか、読者の反応を見てみないと、なんともいえない。吉川弘文館の歴史文化ライブラリー執筆要項によると、「少なくとも高校生には理解できる記述」となっている。実際に本書を手にするのは大学生以上であると予想されるので、大学生の読者の反応が一番気になるところである。

前著刊行から四年余りの間に、私の身の周りでは、鬼籍に入る人々が相次いだ。恩返しにこれで十分ということはないのだろうが、方々の存命中に報いるところが薄かったことを悔まずにはいられない。だが、故人への哀惜の念を抱き続ける以上に、今なお私を見守ってくれる人々への感謝の念を深めることを心がけるよう自身に言い聞かせながら、日々を過ごしていきたいと思う。

本書の刊行にあたっては、吉川弘文館の斎藤信子氏と大熊啓太氏にお世話になった。最後になるが、この場を借りて御礼申し上げる。

平成二六年（二〇一四）弥生　今年のスポーツ観戦の予定を練りながら

冨　永　望

参考文献

憲法に関するもの

鈴木義男『新憲法読本』（鱒書房、一九四八年）
美濃部達吉『日本国憲法原論』（有斐閣、一九四八年）
法学協会編『註解日本国憲法』（有斐閣、一九四八年）
佐々木惣一『日本国憲法論』（有斐閣、一九四九年）
鈴木安蔵編『憲法改正の基本問題』（勁草書房、一九五六年）
長谷川正安『昭和憲法史』（岩波書店、一九六一年）
渡辺　治『日本国憲法「改正」史』（日本評論社、一九八七年）
小嶋和司『小嶋和司憲法論集　二　憲法と政治機構』（木鐸社、一九八八年）
鈴木昭典『日本国憲法を生んだ密室の九日間』（創元社、一九九五年）
高橋彦博『日本国憲法体制の形成』（青木書店、一九九七年）
竹前栄治監修『日本国憲法・検証』（小学館文庫、二〇〇〇～〇一年）
奥平康弘『「萬世一系」の研究』（岩波現代文庫、二〇〇五年）
古関彰一『日本国憲法の誕生』（岩波現代文庫、二〇〇九年）

君主制に関するもの

佐藤　功『君主制の研究』（日本評論新社、一九五七年）
カール・レーヴェンシュタイン著、秋元律郎、佐藤慶幸訳『君主制』（みすず書房、一九五七年）
辻清明編『世界の名著六〇　バジョット・ラスキ・マッキーヴァー』（中央公論社、一九七〇年）
浜林正夫、土井正興、佐々木隆爾編『世界の君主制』（大月書店、一九九〇年）
ヴァーノン・ボグダナー著、小室輝久、笹川隆太郎、R・ハルバーシュタット共訳『英国の立憲君主政』（木鐸社、二〇〇三年）
君塚直隆『女王陛下の影法師』（筑摩書房、二〇〇七年）

昭和天皇に関するもの

秦　郁彦『裕仁天皇五つの決断』（講談社、一九八四年）
吉田　裕『昭和天皇の終戦史』（岩波新書、一九九二年）
升味準之輔『昭和天皇とその時代』（山川出版社、一九九八年）
東野　真『昭和天皇―二つの「独白録」―』（日本放送出版協会、一九九八年）
安田　浩『天皇の政治史―睦仁・嘉仁・裕仁の時代―』（青木書店、一九九八年）
榊原　夏『マッカーサー元帥と昭和天皇』（集英社新書、二〇〇〇年）
永井　和『青年君主昭和天皇と元老西園寺』（京都大学学術出版会、二〇〇三年）
後藤致人『昭和天皇と近現代日本』（吉川弘文館、二〇〇三年）
加藤恭子『昭和天皇「謝罪詔勅草稿」の発見』（文藝春秋、二〇〇三年）

井上　清『井上清史論集四　天皇の戦争責任』（岩波現代文庫、二〇〇四年）
伊藤之雄、川田稔編『二〇世紀日本の天皇と君主制』（吉川弘文館、二〇〇四年）
豊下楢彦『昭和天皇・マッカーサー会見』（岩波現代文庫、二〇〇八年）
原　武史『昭和天皇』（岩波新書、二〇〇八年）
古川隆久『昭和天皇―「理性の君主」の孤独―』（中公新書、二〇一一年）
加藤陽子『天皇の歴史八　昭和天皇と戦争の世紀』（講談社、二〇一一年）
伊藤之雄『昭和天皇伝』（文藝春秋、二〇一一年）
高橋　紘『人間昭和天皇』（講談社、二〇一一年）

明仁天皇に関するもの

牛島秀彦『ノンフィクション　皇太子明仁』（朝日新聞社、一九八七年）
工藤美代子『ジミーと呼ばれた日―若き日の明仁天皇―』（恒文社、二〇〇二年）
瀬畑　源「明仁皇太子の教育に関する一考察」『年報日本現代史』九号、二〇〇四年
瀬畑　源「小泉信三の象徴天皇論―『帝室論』と『ジョオジ五世伝』を中心として―」『一橋社会科学』二号、二〇〇七年
波多野勝『明仁皇太子エリザベス女王戴冠式列席記』（草思社、二〇一二年）

戦後天皇制に関するもの

藤樫準二『われらの象徴民主天皇』（東光協会出版部、一九四九年）
藤樫準二『千代田城―宮廷記者四十年の記録―』（光文社、一九五八年）

松浦総三『天皇とマスコミ』（青木書店、一九七五年）
高橋紘、鈴木邦彦『天皇家の密使たち―秘録・占領と皇室―』（徳間文庫、一九八五年）
高橋　紘『象徴天皇』（岩波新書、一九八七年）
高橋　紘『陛下、お尋ね申し上げます―記者会見全記録と人間天皇の軌跡―』（文春文庫、一九八八年）
坂本孝治郎『象徴天皇制へのパフォーマンス』（山川出版社、一九八九年）
中村政則『象徴天皇制への道』（岩波新書、一九八九年）
油井大三郎『未完の占領改革―アメリカ知識人と捨てられた日本民主化構想―』（東京大学出版会、一九八九年）
渡辺久丸『象徴天皇制と憲法』（文理閣、一九九〇年）
渡辺　治『戦後政治史の中の天皇制』（青木書店、一九九〇年）
横田耕一、江橋崇編『象徴天皇制の構造』（日本評論社、一九九〇年）
中村政則『戦後史と象徴天皇』（岩波書店、一九九二年）
武田清子『天皇観の相剋―一九四五年前後―』（岩波現代文庫、二〇〇一年）
中村　明『象徴天皇制は誰がつくったか』（中央経済社、二〇〇三年）
ケネス・ルオフ著、高橋紘監修、木村剛久、福島睦男訳『国民の天皇』（共同通信社、二〇〇三年）
石田あゆう『ミッチーブーム』（文春新書、二〇〇六年）
佐藤考一『皇室外交とアジア』（平凡社新書、二〇〇七年）

五十嵐暁郎編『象徴天皇の現在―政治・文化・宗教の視点から―』（世織書房、二〇〇八年）
冨永　望『象徴天皇制の形成と定着』（思文閣出版、二〇一〇年）
河西秀哉『「象徴天皇」の戦後史』（講談社、二〇一〇年）
後藤致人『内奏―天皇と政治の近現代―』（中公新書、二〇一〇年）
根津朝彦『戦後『中央公論』と「風流夢譚」事件―「論壇」・編集者の思想史―』（日本経済評論社、二〇一三年）
舟橋正真「昭和天皇訪米決定の政治過程―一九七一年から一九七五年まで―」『歴史学研究』九〇八号、二〇一三年
河西秀哉編『戦後史のなかの象徴天皇制』（吉田書店、二〇一三年）

戦後史概説・その他

松尾尊兊『国際国家への出発』（集英社、一九九三年）
原　彬久『戦後史のなかの日本社会党』（中公新書、二〇〇〇年）
小熊英二『〈民主〉と〈愛国〉』（新曜社、二〇〇二年）
河野康子『戦後と高度成長の終焉』（講談社、二〇〇二年）
古関彰一『「平和国家」日本の再検討』（岩波書店、二〇〇二年）
増田　弘『自衛隊の誕生―日本の再軍備とアメリカ―』（中公新書、二〇〇四年）
雨宮昭一『占領と改革』（岩波新書、二〇〇八年）
武田晴人『高度成長』（岩波新書、二〇〇八年）

吉見俊哉『ポスト戦後社会』（岩波新書、二〇〇九年）
池田慎太郎『現代日本政治史二　独立完成への苦闘　一九五二〜一九六〇』（吉川弘文館、二〇一二年）
中島琢磨『現代日本政治史三　高度成長と沖縄返還　一九六〇〜一九七二』（吉川弘文館、二〇一二年）
若月秀和『現代日本政治史四　大国日本の政治指導　一九七二〜一九八九』（吉川弘文館、二〇一二年）
佐藤明広『現代日本政治史五　改革政治の混迷　一九八九〜』（吉川弘文館、二〇一二年）
楠　綾子『現代日本政治史一　占領から独立へ　一九四五〜一九五二』（吉川弘文館、二〇一三年）

日記・回顧録

西尾末広『私の政治手帳』（時局研究会、一九五二年）
鳩山一郎『ある代議士の生活と意見』（東京出版、一九五二年）
中曽根康弘『日本の主張』（経済往来社、一九五四年）
鳩山一郎『鳩山一郎回顧録』（文藝春秋、一九五七年）
藤田尚徳『侍従長の回想』（講談社、一九六一年）
木戸幸一『木戸幸一日記』下（東京大学出版会、一九六六年）
ウィリアム・シーボルト著、野末賢三訳『日本占領外交の回想』（朝日新聞社、一九六六年）
木戸日記研究会編『木戸幸一関係文書』（東京大学出版会、一九六六年）

片山　哲『回顧と展望』（福村出版、一九六七年）
野坂参三『野坂参三選集　戦後編』（日本共産党中央委員会出版局、一九六七年）
東久邇稔彦『東久邇日記―日本激動期の記録―』（徳間書店、一九六八年）
西尾末広『西尾末広の政治覚書』（毎日新聞社、一九六八年）
田尻愛義『田尻愛義回想録―半生を賭けた中国外交の記録―』（原書房、一九七七年）
オーティス・ケーリ編『天皇の孤島』（サイマル出版会、一九七七年）
細川護貞『細川日記』（中公文庫、一九七九年）
木戸日記研究会編『木戸幸一日記　東京裁判期』（東京大学出版会、一九八〇年）
芦田　均『芦田均日記』（岩波書店、一九八六年）
重光　葵『重光手記』（中央公論社、一九八六年）
松本重治『昭和史への一証言』（毎日新聞社、一九八六年）
重光　葵『続重光手記』（中央公論社、一九八八年）
E・G・ヴァイニング著、秦剛平、秦和子訳『天皇とわたし』（山本書店、一九八九年）
木下道雄『側近日誌』（文藝春秋、一九九〇年）
寺崎英成、マリコ・テラサキ・ミラー『昭和天皇独白録―寺崎英成御用掛日記―』（文藝春秋、一九九一年）
アラン・リックス編、竹前栄治、菊池努訳『日本占領の日々―マクマホン・ボール日記―』（岩波書店、一九九二年）

入江為年監修、朝日新聞社編『入江相政日記』（朝日文庫、一九九四―九五年）
E・H・ノーマン著、加藤周一監修、中野利子編訳『日本占領の記録　一九四六―四八』（人文書院、一九九七年）
高松宮宣仁『高松宮日記』（中央公論社、一九九七年）
徳川義寛『侍従長の遺言』（朝日新聞社、一九九七年）
吉田　茂『回想十年』（中公文庫、一九九八年）
フランク・コワルスキー著、勝山金次郎訳『日本再軍備―米軍事顧問団幕僚長の記録―』（中央公論新社、一九九九年）
加藤恭子『田島道治―昭和に「奉公」した生涯―』（TBSブリタニカ、二〇〇二年）
原彬久編『岸信介証言録』（毎日新聞社、二〇〇三年）

資料集

『自由党憲法調査会特別資料』（自由党憲法調査会、一九五四年）
『憲法改正の諸論点』（自由党憲法調査会、一九五四年）
『憲法問題調査参考資料』（改進党政策委員会、一九五四年）
『日本国憲法制定の経緯とその実情』（改進党政策委員会、一九五四年）
『憲法運用の実際についての調査報告書』（憲法調査会第三委員会、一九六四年）
神山茂夫編『日本共産党戦後重要資料集』（三一書房、一九七一年）
杉原泰雄編『文献選集日本国憲法二　国民主権と天皇制』（三省堂、一九七七年）

粟屋憲太郎編『資料日本現代史二　敗戦直後の政治と社会』（大月書店、一九八〇年）
『資料日本社会党四十年史』（日本社会党四十周年記念出版刊行委員会、一九八六年）
山極晃、中村政則編『資料日本占領一　天皇制』（大月書店、一九九〇年）
原武史、吉田裕編『岩波　天皇・皇室辞典』（岩波書店、二〇〇五年）

著者紹介

一九七四年、船橋市に生まれる

二〇〇二年、京都大学大学院文学研究科現代文化学専攻博士後期課程単位取得満期退学、京都大学博士(文学)

現在、京都大学大学文書館事務補佐員、大阪産業大学非常勤講師

主要著書・論文

『象徴天皇制の形成と定着』(思文閣出版、二〇一〇年)

「イギリスから見た戦後天皇制」(河西秀哉編『戦後史のなかの象徴天皇制』吉田書店、二〇一三年)

歴史文化ライブラリー
379

昭和天皇退位論のゆくえ

二〇一四年(平成二十六)六月一日　第一刷発行

著　者　冨《とみ》永《なが》望《のぞむ》

発行者　吉川道郎

発行所　株式会社 吉川弘文館

東京都文京区本郷七丁目二番八号
郵便番号一一三―〇〇三三
電話〇三―三八一三―九一五一〈代表〉
振替口座〇〇一〇〇―五―二四四
http://www.yoshikawa-k.co.jp/

印刷＝株式会社 平文社
製本＝ナショナル製本協同組合
装幀＝清水良洋・渡邉雄哉

歴史文化ライブラリー

1996.10

刊行のことば

現今の日本および国際社会は、さまざまな面で大変動の時代を迎えておりますが、近づきつつある二十一世紀は人類史の到達点として、物質的な繁栄のみならず文化や自然・社会環境を謳歌できる平和な社会でなければなりません。しかしながら高度成長・技術革新にともなう急激な変貌は「自己本位な刹那主義」の風潮を生みだし、先人が築いてきた歴史や文化に学ぶ余裕もなく、いまだ明るい人類の将来が展望できていないようにも見えます。このような状況を踏まえ、よりよい二十一世紀社会を築くために、人類誕生から現在に至る「人類の遺産・教訓」としてのあらゆる分野の歴史と文化を「歴史文化ライブラリー」として刊行することといたしました。

小社は、安政四年（一八五七）の創業以来、一貫して歴史学を中心とした専門出版社として書籍を刊行しつづけてまいりました。その経験を生かし、学問成果にもとづいた本叢書を刊行し社会的要請に応えて行きたいと考えております。

現代は、マスメディアが発達した高度情報化社会といわれますが、私どもはあくまでも活字を主体とした出版こそ、ものの本質を考える基礎と信じ、本叢書をとおして社会に訴えてまいりたいと思います。これから生まれでる一冊一冊が、それぞれの読者を知的冒険の旅へと誘い、希望に満ちた人類の未来を構築する糧となれば幸いです。

吉川弘文館

〈オンデマンド版〉
昭和天皇退位論のゆくえ

On Demand
歴史文化ライブラリー
379

2022年（令和4）10月1日　発行

著　者　冨《とみ》永《なが》　望《のぞむ》
発行者　吉川道郎
発行所　株式会社　吉川弘文館
〒113-0033　東京都文京区本郷7丁目2番8号
TEL　03-3813-9151〈代表〉
URL　http://www.yoshikawa-k.co.jp/

印刷・製本　大日本印刷株式会社
装　幀　清水良洋・宮崎萌美

冨永　望（1974～）

ISBN978-4-642-75779-9